24時間お金引き寄せ体質になる!

SpiRich

スピリッチ習慣

Attract money
all day long!
Spi Rich

美湖 MIKO

KADOKAWA

スピリッチ波動マーク

このマークには宇宙の豊かさのエネルギー（波動）を込めてあります。
マークに触れながらゆっくりと深呼吸して、
「宇宙の無限の豊かさを受け取る」と
心の中で唱えてください。

はじめに～スピリッチになるのに苦労はいらない

この本を手に取ってくださり、ありがとうございます。
さっそくですが、質問です。
あなたは、ドラマで観るような「極貧のドン底」を経験したことはありますか？
借金に追われて、身ぐるみはがされ、身も売られそうで夜逃げするような、
とんでもなく稼ぐ必要に迫られたこと、ありますか？
ほとんどの人が、ないんじゃないかなと思います。私も……ないです。
（もしも、もしも、そんな経験があるというかたがいたら、ごめんなさい！）

お金や豊かさを扱うこのような本は、たいていの場合、

「ドン底から、はい上がって成功し、お金持ちになりました！」

というような内容が多いように思います。

でもこの本は、残念ながら、そうではありません。


あらためまして、美湖です。

私は、ずっと実家暮らしです。都会のド真ん中に生まれ育ち、ものすごく裕福だったわけでもないですが、お金には不自由なく暮らしてきました。

シンガーソングライターとしてアーティストを志し、父が「音楽家はパトロンが必要だから」と、ずっと支援してくれていた中、CDデビューも果たしています。

外で働いた経験というのも、知り合いのご縁でのアルバイトくらい。

そのころは、最高で10万円台くらいしか稼いだことがなく、ちゃんと就職して社会に出た経験は一度もありません。

結婚してからも、旦那さんに養ってもらいながら、週末だけの〝通い婚〟で、ベースは実家暮らしでした。

子どもが生まれてからは、旦那さんも一緒に私の実家で暮らしていました。

そんなわけで私は、本当の意味でお金に困った経験がなく、お金と真剣に向き合ったこともありませんでした。

そんな私が、「お金を稼がなきゃ！」「経済的に自立しなくては！」と生まれて初めて思ったのは、離婚がきっかけです。

まるで導かれるように、アカシックリーダーになりました。

もともと私はスピリチュアルな家庭に育ったこともあり、アカシックリーダーとは、宇宙の誕生から今までに起こったすべてのことが記録されている「アカシックレコード」にアクセスし、現在・過去・未来を読み解く技術を持つ人のことです。

さらに、瞑想アーティスト、そして、スピリチュアル系YouTuberになりました。

「スピリッチアカデミー」などの講座の主宰もするようになり、たった4年で年商2億円を超えるほど、〝スピリッチ〟になったのです。

社会経験のなかった私が、今では株式会社の社長です！

なぜ、こんなにも順調にリッチになっていったのか——。

それは、「スピリッチ習慣」を身につけたからなんです。

この本に書いていることは、すべて美湖自身が体験したことで、「常にお金を引き寄せるエネルギー体質」になるためのリアルなノウハウです。

前述の「スピリッチアカデミー」は、このノウハウをたっぷりお伝えする講座です。

だから、私だけではなく、すでに1400名を超える生徒さんたちがスピリッチ習慣を実践し、スピリッチ引き寄せ体質となって、人生が大好転した結果を出してくれています！

ここで、「スピリッチアカデミー」の生徒さんのお声の一部をご紹介しますね。

●自分を信じて、「秒で動く」ことを習慣にしたら、なんと売上が6倍になり、月商が400万円に！スピリッチ習慣で培った愛と信じる力が結果を生みました。（40代女性・Nさん）

●以前は家族優先で、自分のことはいつも後回しにしていた私が、自分を愛し、ゆるしていくことで、家庭が円満になって、子どもの不登校が改善されました。

さらに、臨時ボーナスや家族・親戚からの支援などを含め、なんとトータルで600万円の臨時収入がありました。（50代女性・Kさん）

●スピリッチ習慣の「妄想」を徹底していたら、移住の補助金でなんと臨時収入300万円が入ってきました！もらえないかも……と思っていたのが一転、申請を手助けしてくれる人が現れて、補助金がおりました！（30代女性・Aさん）

●稼ぐことに対する罪悪感があったのですが、美湖さんから学んだスピリッチマインドのおかげで、限界の枠が外れました。自分が人に与えられることが「すでにたくさんある！」と思える習慣がつき、おかげさまで年収も2倍を超え、今後さらに増える予定です！（40代女性・Kさん）

●スピリッチ習慣のお金の使い方を実践しました。自分がコレをやりたい！　ということに、かなりの高額投資をしたら、

旦那さんに怒られるどころか、お小遣い10万円をもらえました。（40代女性・Dさん）

●「値段」よりも、「自分の心地よさ」で商品を選ぶようにし、自分を大切にするスピリッチ習慣を実践したら、いつもは年に5万円しか上がらない職場の処遇が改善され、突然、年収が60万円増に跳ね上がりました！（40代女性・Mさん）

●自分から湧き上がる想いを1つひとつ叶え続けていったら、あこがれの人とお仕事ができて、年収が100万円以上アップ！（30代女性・Nさん）

●両親との確執、借金、自分の現状を改善したくて、「スピリッチアカデミー」で徹底的に自己と向き合ったら、気づくと月収が6倍、年商は約1000万円に！今は収入が増えすぎたので、法人化にむけて準備中です。両親との関係も良好になり、借金も返済できるようになりました。（50代女性・Kさん）

じーーん……（涙）。

生徒さんや、周りのみなさんのスピリッチな幸せが、
自分のこと以上に、本当に、本当にうれしいです！
「私がリッチになんて、絶対、今さら、なれるわけがない……」
そんなふうに思っているかたであれば、この本は本当に必読です！

実は、これからの時代は「苦労して豊かになる」という成功法則が
通用しづらくなってきます。
私の1冊目の書籍『ネオスピ!!!』（KADOKAWA）に詳しく書きましたが、
今、西洋占星術でいうところの「風の時代」に入り、
地球も集合意識もどんどんクリアになり、エネルギーが軽くなっていっています。
だから、そもそもの「苦労」みたいな
重くネガティブな状態が起こりづらくなってくるのです。
これを「新時代のスピリチュアル」＝「ネオスピ」と定義して、
ネオスピ的な生き方をたっぷり紹介したのが前著です。

これからは、ますます「ネオスピな世界」になっていくため、
今のこの時代のクリアなエネルギーに合わせていくことができれば、
常に、楽に、自由に、最高に楽しく、スピリッチになれるんです！
極貧経験のない私だからこそ伝えられるエネルギーがあると思っています。

ただ、1つ注意点があります。
この本は、あらゆる方面から豊かさを引き寄せます。
だから、「お金だけあればいい」というのは難しい、という点だけは
覚悟しておいてください！（笑）
そう、お金だけではなく、あなたを取り巻く環境、すべてが豊かになる——。
家族との関係、社会との関係、自分自身との関係、
すべてに愛のエネルギーがプラスされることで、
無限で豊かな宇宙の流れに乗ってしまうのです。
「スピリッチな人生」にとどまらず、「ラブスピリッチな人生」を、
この本を読み進めながら、迷いなく受け取ってくださいね！

お金と真剣に向き合ったことがなかった私でも、
自分のお金といえるものをほとんど持ったことがなかった私でも、
スピリッチになれたのです。

だから、あなたも絶対大丈夫！

さて、本文を読み始める前に、
次のページの「スピリッチ診断」をお試しでやってみてください。
今のあなたは、どのくらいスピリッチ体質でしょうか？
たとえ診断結果が低くても、まったく心配ありませんよ〜。
伸びしろしかないんですから！（笑）
ぜひ、この本で「スピリッチ習慣」を身につけて、
幸福度の高いスピリッチな世界を、一緒につくりましょう！

美湖

スピリッチ診断

①「お金が大好き」って言える

②買うときの基準は金額よりも、ときめき優先だ

③そういえば、周りにお金持ちが多い

④どちらかというと「押しが強い」タイプだ

⑤人からいただいた豊かさも、自分の豊かさだと思う

⑥お金は天下の回りものと思っている

⑦お財布はキレイなほうだ

⑧欲しいものにはお金に糸目をつけない

⑨高級店や会員制のお店でも躊躇《ちゅうちょ》なく入れる

⑩「私にはお金をかけてあげるのがふさわしい」と思う

（当てはまる場合は〇、当てはまらない場合は×として、
〇の数を合計してください）

0～1個

伸びしろ スピリッチさん

あなたはスピリッチの伸びしろだらけです。もし0個でもガッカリしないで！　この本に書いてあることを1つずつ実践したら、スピリッチな世界が待っています。あなたのためにある本です♡ 絶対大丈夫！

2～5個

なかなか スピリッチさん

あなたはなかなかにスピリッチ体質です。思いきって行動できるようになったら、すぐさまスピリッチに！　この宇宙には無限の豊かさがあり、それを引き出すのはあなたしだい。本書の内容を今すぐ実践しましょう！

6～8個

けっこう スピリッチさん

もうあなたはすでに、かなりスピリッチ体質かも。どうぞ自信を持ってくださいね！　でも、もしも「現実がついてきてないよ～」という場合はきっと、この本で答えが見つかるはず。ぜひ習慣にしてみてね♡

9～10個

全方位 スピリッチさん

あなたはきっと周りをハラハラさせるほどのスピリッチ体質！宇宙の流れに乗って、全方位からの豊かさに愛される地球体験を楽しみ尽くしましょう。この本も「うんうん、わかる」と思いながら読んでください。

［スピリッチ習慣　目次］

第1章　習慣を変えて「お金引き寄せ体質」になろう！

第2章 お金のブロックを浄化して未来を先取る！

第3章 お金の器を広げてリッチエネルギー自由自在

第4章 宇宙を全信頼することで真のスピリッチになる

ブックデザイン／菊池 祐
本文DTP／荒木香樹
イラスト／桝元つづり
構成／土岐総一郎
編集協力／相馬由香、ミカべべ
校正／東 貞夫
編集／河村伸治

Special Thanks
スピリッチアカデミーのみんな
ネオスピチーム・ネオスピ仲間のみんな

第1章

習慣を変えて「お金引き寄せ体質」になろう！

Spi Rich
01
スピリッチ習慣

24時間、豊かさを引き寄せる魔法の言葉

24時間、自動で「引き寄せ」ができたら、うれしくないですか?
しかも、スピリッチな世界がどんどん引き寄せられる、
そんな〝スピリッチ引き寄せ体質〟になれたら、この先の人生、最高ですよね!
では、24時間スピリッチ引き寄せ体質になるために、
一番大切なことって、なんだと思いますか?
例えば、スピリッチな自分をイメージして、
願いが叶った世界の意識で過ごすこと?
もしくは、「スピリッチになりました!」と完了形で宣言して、
その叶ったエネルギーを湧かせていくことかな?

この2つはどちらも大事です。
でも、実はそれ以上に簡単に、
24時間スピリッチ引き寄せ体質になる秘訣をお伝えします。
それは、スピリッチ体質になる「習慣」をつくるということです！

自分が発しているエネルギーを意識しよう

「えっ、習慣？　なんか現実的で、全然スピリチュアルじゃないじゃん」って思ったかたにご説明しますね。

スピリチュアルってそんなに難しいものでも、怪しいものでもないんです。

スピリチュアル＝目に見えない世界。

目に見えない世界は、エネルギーともいいます。

実は人間も物質も、目に見えないエネルギーを放っています。

そして、その放たれたエネルギーの周波数によって、
引き寄せられる世界が変わります。

では、そのエネルギーの周波数は、

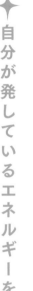

どのように変えていったらいいのでしょうか？

エネルギーを変えたければ「良い感情」を定着させる

エネルギーは「意識」や「思考」でも変わるのですが、
私のお勧めは「感情」を使うということです。
簡単に言うと、うれしい感情はうれしい世界を、怒りの感情は怒れる世界を、
スピリッチな感情はスピリッチな世界を引き寄せていきます。
なので、エネルギーの周波数を変えていく力を持つ感情がとても大事で、
しかも、その感情状態を「定着」させていくことで、「体質」が生まれるんです！
体質改善って聞いたことがありますよね？
「アレルギー体質を改善して花粉症を克服した」なんていう話もあります。
体質の改善方法って、いろいろあると思うのですが、
やはり習慣をつくっていくことが、この地球でのセオリーとされています。
スピリッチ引き寄せ体質になるには、
習慣を変えることで「良い感情」を定着させ、

自らが放つエネルギーを「スピリッチエネルギー」に変えていけばいいんです。

この本の中で紹介する1つひとつのスピリッチ習慣を取り入れていくと、
日々の行動が変わります。
行動が変わると意識が変わり、
意識が変わると、出来事に対して湧いてくる感情が変わります。
感情はエネルギーなので、自らが放つエネルギーの周波数が
スピリッチエネルギーに合ってくると、体質がどんどん変化していきます。

そうしてスピリッチ習慣が定着すると、
24時間スピリッチ引き寄せ体質になっているということです。
「じゃあ、けっきょくのところ、大事なのは自分の意識だけ？」って
言われるかもしれませんね。
究極、実はそうなんです。
でも、それはやり方を知らなければ、なかなか難しいのですよね。
常にそのことばかり意識しているのは難しいし、

つい忘れてしまったりもするし、
実は心の奥底に、自分でも気づいていないブロックがあるかもしれないし。
だから、日常のわかりやすい「行動」を変えたり、
ちょっとした「思考」を身につけたりして、習慣を変えていくことが、
自分のエネルギーを変えていくことにつながるんです！
習慣を変えるといっても、
大変なことや行動しづらいことだと、そもそも習慣になりづらいし、
続けることが苦痛になってしまいますよね。
でも、**私が提唱している新時代のスピリチュアル「ネオスピ」は、**
とにかく〝簡単で、軽く、楽しく〟がモットー！
この本では、〝ネオスピりながら〟(笑)、スピリッチ習慣を簡単に確実に
つけていく方法をお伝えしていきます。軽い気持ちでついてきてね♡

✦スピリッチの土台となる「奇跡の言葉」を習慣に！

まず、私がスピリッチ習慣として、いつも最初にお伝えしているのが、

「言葉を変える」ということです。
言葉の中でも、特に「ありがとう」という言葉はすごい！
私は「ありがとう」を、もう口癖になっちゃうくらい、
めちゃくちゃたくさん言うようにしています。

「ありがとうは大事な言葉だって、そんなの子どもの頃から知ってるよ」と
思ったあなた！
では、実際に「ありがとう」を一日、どれだけ口にしていますか？
家族やパートナー、学校、職場、コンビニやお店、
バスやタクシーの運転手さん、などなどなど。
一日に何回くらい「ありがとう」という言葉を発しているでしょうか。
心の中で思っていても、実際には声に出していなかったり、
そもそも「あたりまえ」って思っていたりしませんか？
「ありがとう」って、実は意識しないと、なかなか言えないんです。
でも意識をすると、つまり「ありがとう」を探してみると……

あなたの周りには、「たくさんのありがとう」があふれていませんか？
誰かに親切にしてもらったときも、
「すみません」とか「申し訳ありません」じゃなくて、
「ありがとう」という言葉に置き換えてみてください。

せっかく親切にしてもらったのに、
「すみません」や「申し訳ない」というエネルギーを相手に送るのと、
「ありがとう」のエネルギーを相手に送るのとでは、
あなたはどちらを選びたいですか？

「ありがとう」のほうが大きくリッチなエネルギーを感じませんか？
「ありがとう」という言葉は、言われてもうれしいけれど
それを言う自分も気持ちいいですよね。

実は、「ありがとう」という気持ちのエネルギーによって、
幸せホルモンといわれるセロトニン、
やる気や幸福感を生じさせるホルモンであるドーパミン、
絆ホルモンや愛情ホルモンと呼ばれるオキシトシン、

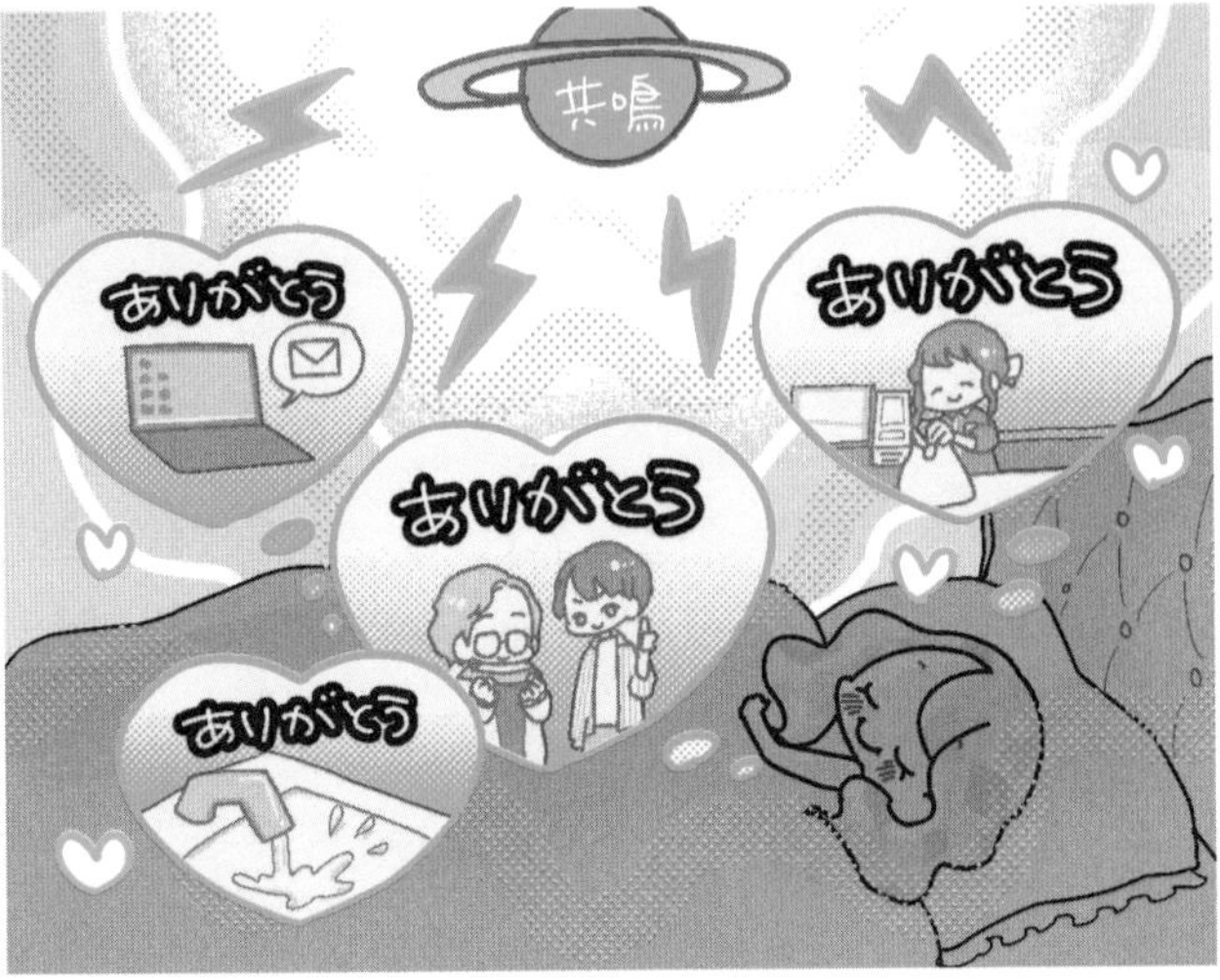

多幸感をもたらすエンドルフィンが分泌されるといわれています。

すごくないですか？

今回、この本を書くにあたって調べてみたところ、私も「ありがとう」の効果に改めてびっくりしました（笑）。

実は私自身も、「ありがとうの言葉を言うといい」という話を昔、人から聞いて始めたのですが、とにかく「ありがとう」を言う自分がものすごく気持ちいいんです。

なので最近では、周りにある「ありがとう」を探すだけでなく、ありがとうの言葉を伝えたいがゆえに、相手にお願いごとをしたり、頼みごとをしたりと、そういう状況をわざとつくっちゃったりして、ありがとうをたくさん伝えています。

もちろん相手もうれしそうです。

私の息子である現在「中2くん」が小さい頃から、

「ありがとう」

「って言ってくれて、ありがとう」

「って言ってくれて、ありがとう」

「って言ってくれて、ありがとう」という〝エンドレスありがとう〟が続き、最後、お互いに爆笑で終わるという楽しいやり取りをしていました。

そのおかげか、YouTubeにもたまに登場する中2くんは、ほっこり優しい青年に育っています。

「ありがとう」という言葉は、宇宙の周波数とも近しいといわれています。

だから、「ありがとう」と言って感謝すればするほど、どんどん宇宙とつながり、宇宙との共鳴が強くなっていきます。

✦自分自身にかける言葉で現実の世界が変わる

私は、実家が仏教徒で、スピリチュアルな家庭に育ちました。
幼い頃から祈るということが日課で、「祈りの強い子」といわれていました。
仏教は宇宙の真理を説いているので、私は宇宙につながりながら祈ります。
祈る前、私は必ず宇宙への感謝をして、
宇宙の周波数と自分の周波数を同調、共振共鳴させて祈ります。
そうすることで、宇宙へ願いが届きやすくなり、
宇宙から降り注がれている豊かなエネルギーも受け取りやすくなります。
「ありがとう」や感謝の気持ちは、ほかの人や周りにだけじゃなくて、
自分自身に向けることも、スピリッチ体質に変わるためにはとても重要です。
生まれてからずっとひとときも離れずに、そばにいてくれるのは、
自分自身ですよね。
あなたは、そんなご自身に、毎日どんな言葉をかけていますか？
この世界における現実は、

自分が自分をどう扱っているかが投影されているといわれています。
あなた自身に、「ありがとう」という言葉で豊かな愛を注いでください。
あなたの世界が、現実が、
「ありがとう」のあふれる豊かな愛の世界になっていきます。

「ありがとう」はネガティブを寄せつけない

「ありがとう」のもう1つの効果を紹介します。
それは、ほかの余計なことを考えないでいられるということ。
余計なことというのは、過去の後悔や、未来の不安などです。
スピリッチ体質になるには、「今ここ」を感じることがすごく大事なんです。
私はいつも、「今この瞬間から人生のピークが始まる！」って思ってます（笑）。
人間は、1つのことにしか意識を向けられません。
「ありがとう」って感謝をしながら、ネガティブなことは考えづらいんです。
私たちは、ついついネガティブなことを考えてしまうことで、
ネガティブなエネルギーを発していることがあります。

その結果、ネガティブな現実が引き寄せられてしまうことが多々あるのです。

でも、「ありがとう」を連呼する習慣をつけていくことで、心の中が「ありがとう」の豊かな周波数で満たされ、ネガティブを寄せつけません。

あなたのエネルギーが「ありがとうエネルギー」になっていくことで、24時間スピリッチ引き寄せ体質になっていくのです！

絶対にたくさん口にしたほうがいいですよね！

ときどき、「実際に感謝の気持ちがなくても言ったほうがいいのですか？」と質問されることがあります。

もちろん、心を込めて言ったほうがエネルギーがより強まりますが、心からそう思っていなくても、言えるときは「ありがとう」を口にしてください！

「風の時代」といわれるネオスピの時代に入り、地球全体のレベルで、集合意識などのエネルギーが浄化されてきていると前述しました。

だから、心から思えていなくても「ありがとう」と発することで、言霊といわれる言葉の持つ感謝の波動と、それを発した自分自身が共鳴しやすくなっています。

「ありがとう探し」で奇跡を見つけよう！

それではここで、「ありがとうの見つけ方」をお伝えしますね。

なんといっても、〝今ある豊かさ〟にフォーカスするのがお勧めです！

- 今、家族がいること
- 今、仕事があること
- 今、清潔な服があること
- 今、家があること

・今、お水を飲めること
・今、呼吸ができること
・今日、目覚められたこと

感謝をしなくては……と無理やりに思うのではなく、
〝今ある小さなありがたさ〟を探していくと、自然と感謝があふれてきます。

「ありがとう」の反対は「あたりまえ」です。
つまり、「ありがとう」は有難い、有るのが難しいこと。
前述したことは全部、実はまったく「あたりまえ」じゃないんです。
「ありがとう」は奇跡を見つける言葉だと思います。
まずはこの機会に、素直に「ありがとう」って言ってみてくださいね。

ここでの素直っていうのは、誰かのために素直になることではなく、
「自分のために」言ってみてほしいのです。

スピリッチな人って、自分がいいと感じたことや、
「やったほうがいいよ！」って言われたことは、
「とりあえず即行動してみる」という素直さを持つ人が圧倒的に多いです。

そういう人は、スピリッチな世界をどんどん築いていきます。
ぜひあなたも、今から「ありがとう習慣」をつけていってください。
これは「スピリッチ」になるための絶対的に強固な土台となります。
私にはお金がないから、不足しているから「だからリッチになりたい」ではなく、
私にはもうすでにこんなに「あるから」「ありがたいことがたくさんあるから」
「だからもっともっと豊かになれる！」というエネルギー軸で行動すると、
より豊かなエネルギーを発して、それにふさわしいものが引き寄せられます。
スピリッチの世界は、ありがとうのひと言から生まれるといってもいいくらいです。
だまされたと思って、ぜひぜひぜひ始めてみてください。
本当〜〜に、すごいから！

スピリッチ習慣
01
まとめ

一日10個「ありがとう」を見つけて、
声に出して言ってみよう！
〃今ある豊かさ〃にフォーカスして！

【実践者の声】①

「ありがとう」の習慣でボーナス1000万円！12年ぶりに恋人もでき、父との確執も解消！（40代男性・Nさん）

美湖さんに初めて会ったとき、私は借金が700万円ほどありました。
家族が病気で入院したことによる治療費や諸経費がかさみ、
残念ながら病気も治らず、残ったのは借金のみだったのです。
お金もない、恋人もいない、私は孤独のドン底にいました。
そんなときに出会ったのが美湖さんでした。
美湖さんの言葉には愛がたっぷりで、誰にとっても簡単でわかりやすく、
私は必死でYouTubeを見たり、「スピリッチアカデミー」に参加したりして、
そこで教わった習慣をとにかく素直に実践しました。
その中で最もすごかったのは、「ありがとう」という言葉の力でした。
「無料でできるし、なんて簡単な習慣なんだ！」と、
私はすぐに言いまくるようになりました。

「お金がない」という口ぐせが消えた！

「自分がなにかを与えないと人に愛されない」と思っていた私は、
「ありがとう」と言うだけで、みんなが優しくしてくれることに驚きつつ、
その優しさが沁みるほどうれしくて、さらに「ありがとう」を言い続けました。
多少ハードルがありましたが、嫌いな人や私の邪魔をするような人にも、
「ありがとう！」で返すようにしたのです。
するとなぜか、そうした人とは無理なく自然と疎遠になっていきました。
3カ月ほどで環境が大きく変わり始め、
「こちらこそありがとう」と返してくれる人たちとつながるようになりました。
半年後には、ありがとう習慣のすばらしさは揺るがないものになったと思います。
それまでの私は、「お金がない」がずっと口癖だったのですが、
「お金はあるよ！」に変えることができました（笑）。
支払いのときなど、お金の不安が出てきそうなときに、
間髪入れずに「お金はあるよ！」と言うようにしたんです（笑）。

「お金があるから、このコースで！」と
スピリッチな自分を演じて言うと、お店
の待遇もよくなるんですよね。
徐々にお金持ちの人脈が広がり、気づけ
ば周りにはセレブが集まるようになりま
した。
すると、潜在意識が書き換わってきて、
自分自身も本当に「お金がある」と思い
込めるようになってきたのです。
「お金がすごいある！」と言うと、周り
も笑ってくれて楽しくなってきました。
そして心機一転、引っ越しもして「楽し
く生きよう」と思えるようになったので
す。

自分のことも父のことも許せるようになった

それまでの私は、仕事で真面目に真剣にガムシャラに働き、
うまくいっているときはいいけれど、
うまくいかなくなると、「消えたい」と落ち込んでしまうタイプでした。
ですが、「ありがとう」で職場での人間関係も、自分自身もすごく変わりました。
厳しい局面でも、ジョークを言えるくらいの自分になっていて、
周りから一目置かれるようになったと思います。
また、仕事内容でも積極的に提案をするようになり、
私の意見によって会社の業績が一気に上がりました。
給料もそれに合わせてどんどん増えていき、
なんとボーナスで1000万円をもらえたのです！
一気に借金を完済することができました。
さらには、もうあきらめかけていた恋人が12年ぶりにできたのです。
昔から知り合いだった友人に、新たな魅力を発見して急接近。

結婚を前提におつきあいを開始して、
今では一緒に家を買うための頭金が、あっという間に1000万円を超えました。
人から「病んでいる」とまで言われた自分のことも不思議と好きになれました。
さらには、ずっと好きではなかった「自分に似ている父」のことも
許せるようになりました。
「こんな性格にしてくれてありがとう」という手紙を父に心を込めて書いたら、
父は泣きじゃくっていたと母から聞き、
それ以来「家族を愛している」と胸を張って言えるようにもなりました。

Spi Rich
02
スピリッチ習慣

感じ、味わうことでエネルギーの使い手になる

「ありがとう」という言葉以外にも、
簡単にできるけど、とても大事なスピリッチ習慣があります。
それは、「感じる」「味わう」という習慣です。
みなさん、おいしいごはんは好きですよね？
スピリッチになったら、おいしくてちょっとレアでリッチな食事を楽しみたい、
というかたも多いのではないでしょうか？
でも、意外にみなさん、日々やっていないのが、
ふだんのお食事の味をちゃんと「感じる」「味わう」ということ。
珍しく外食したときや、好きな料理のときはやっているかもしれませんが、

毎食毎食、その一口をじっくり感じて、味わっていますか？

食事の時間がなくて、思わず口にかき込んで慌てて出かけるなんて日もあるのではないでしょうか。

今この瞬間、感じていることはエネルギー鮮度が高い

「おいしい！」などの感情エネルギーは、とてもとても豊かなエネルギーです。

しかも、今この瞬間に感じていることは、エネルギーの鮮度が最高にいい！

さらには、エネルギーは思いを込めることで量が増えます。

だから、「しっかり感じる」「しっかり味わう」ことで、エネルギーが増えちゃうんです！

この鮮度の高い豊かなエネルギーによって、引き寄せが起こってきます。

しかも、地球という惑星は、おいしいと感じる恵みの数も種類も本当に多くて、非常に味わい深い豊かな星です。

毎回の食事は、豊かなエネルギーがあなたから出るせっかくの機会です。

それを思いっきり出さないのは、もったいないと思いませんか？

これは、「おいしい」という感情だけではありません。

「うれしい！」「リッチだ〜」「楽しい〜」「きれいだ！」「すてき〜」「気持ちいい！」「晴れやか〜」「すがすがしい！」なんていうのもありますね。

リッチで、すてきだなと感じたら、その感情を存分に意識して愛《め》でましょう。

この「味わう」ということを習慣化できれば、あなたのエネルギーを簡単に増やすことができます。

すると、豊かで良質なエネルギーを余すことなく放出できるので、また、どんどん同じエネルギーを引き寄せることになるのですね。

食事をするたびにそれが叶うなんて、利用しない手はないと思いませんか？

私は飲食店などで、どれにしようかメニューに迷ったときは、どっちも頼みます。

魅かれたのなら、両方とも食べたほうが、豊かなエネルギーが出るからです。

飲み物も、どれも味わいたいと思ったら、シャンパン、ワイン、ビール、お水など、全部が一度にテーブルに並ぶときもよくあります（笑）。

これは余談ですが、もしお料理が残ってしまった場合は、お店が了承してくださったら、包んでもらって持ち帰ります。

フードロス削減という意識以上に、

「食べたいと思ってオーダーしたものだから、豊かなエネルギーも出るし、地球へのエネルギー貢献でもあるよね」という理由も大きいです。

だけど、お酒はたいてい飲みきって帰ります（笑）。

感情は素直に表現し、声に出して周りに伝える

さて本題に戻って、
感じて味わったときに出る豊かなエネルギーをさらに増幅させるのが、
「これ、おいしい〜」「めっちゃうれしい！」「なんてステキなの〜」「あぁ幸せ」
と、声に出して周りに言うということです。
その場の空気や波動が一気に変わります。
あなたのポジティブなエネルギーが
相手や周りの空間に伝わり、共振を起こします。
つまり、あなたが発したポジティブなエネルギーが周りに伝染していくので、
さらにさらにエネルギーが増えるということなんです。

もうどんどん拡大していく無限ループみたいです。

前項で紹介した「ありがとう」もしかり。

ポジティブな言葉を放っていると、それを言っている自分がもっと楽しくなって、自分のエネルギーがさらに高くなっていきます。

これは自分も楽しくなるうえに、周りも笑顔になることだから、日常的にどんどんポジティブな感情を表現してほしいです。

習慣になってしまうくらいに！

なかでも特に、「スピリッチな感情エネルギー」を増幅する言葉をご紹介します。

「豊か」

「満たされる」

「弥栄《いやさか》」です。

これらの言葉を、乾杯のときなどに使うのもお勧めです。

さて、ここまで読んで、

感情表現に慣れてなかったり、もともとの性格の影響があったりして、

ハードルが高く感じる人もいらっしゃることでしょう。

「陽キャの人はできるかもしれないけど、隠キャの私には無理！」って。

そんなかたはまず、感じる、味わうという作業を自己対話することから始めてみてください。

ご自身とご自身で

「おいしいね」→「うん、おいしいね」

「うれしいよ」→「本当、うれしいね」

「すてき」→「とってもすてきだね」

という感じで、もう一人の自分に話しかけるように、心の中で言ってみてくださいね。

✦スピリッチな世界をめいっぱい具体的に妄想！

さて、もう1つ、私がスピリッチになるために
ワクワクしながら身につけた習慣をご紹介します。
それは、スピリッチな妄想をしまくること。
「こんなふうにリッチになりたいな〜」というスピリッチな世界を
めいっぱい具体的にイメージして、
それが叶ったときの豊かな感情を感じまくりながら、
「ウヘウヘ」「ウェイウェイ」と、ヨダレが出ちゃいそうになるくらい
ハッピーな妄想をするんです（笑）。
もちろん「妄想」でなくても、「瞑想」でゆっくり時間を取って、
自分と深くつながることでエネルギーを放つのもいいのですが、
スピリッチ妄想のいいところは、
「あ、今ちょっと時間あるからスピリッチ妄想しとこ！」って、
隙あらば、どこでもできることなんです（笑）。

私は妄想も瞑想も、どちらもやります。

さて、この妄想のときにとても大事になってくるのが、本項の冒頭で述べた〝感情を感じて味わう〟ということ。

妄想することだけに意味があるのではなく、妄想をして、〝スピリッチな感情のエネルギーを出すこと〟に意味があるのです。

まだスピリッチな世界を築いていなくても、スピリッチ妄想で、それをあたかも体験しているかのようにイメージして、スピリッチエネルギーを放つのです。

実はこれ、いわゆる「引き寄せ」のやり方の基本だったりします。

特にスピリッチ妄想の効果が最高に発揮されるのは、朝の起きたてとか、夜寝る直前などの、ぼんやりとして、まどろんでいるときです。

このとき、宇宙とつながりやすいシータ波という脳波が出ているといわれています。

私自身、このシータ波が出ている「まどろみの時間」を大切にしています。

宇宙とつながるチャンスを逃したくないかたはぜひ、
スピリッチ妄想を習慣にしてくださいね。
妄想のときに描くスピリッチイメージは、いつも毎回必ずこの場面と決めずに、
できれば、そのときのあなたの気分で、
最高なスピリッチな世界をイメージしてください。
そのほうが、鮮度がいいエネルギーが出ます。
例えば、豪邸に住みたいというスピリッチな願いがある場合。
豪邸でセレブパーティーをしている妄想をしたり、
ときには、その豪邸に合う新しい家具を探しているさまをイメージしたり、
またときには、その豪邸へお引っ越しの日をイメージしたりと、
あなたの「今の気分」で一番なにが「ウェイウェイ」な感情が出るのか?
それをその都度、探してほしいのです。
今の気分のほうが、圧倒的に鮮度のいい強いエネルギーが出るので、
これを習慣づけていくと、瞬発力の高い引き寄せ体質になっていきます!
また、こうして「今の私はなにを感じるのか?」と、

自分の内側を探求するということ自体、とても大切です。

自分の内側に意識を向ける習慣をつけていくと、宇宙とつながりやすい体質になっていきます。

✦「望まない現実」から妄想をスタートさせてもいい

たまに、「今より豊かになりたいんだけど、自分のスピリッチな望みがわからない」というかたもいらっしゃいます。

そんなかたは、

「こんな世界は嫌だな」「こんな現実は望んでないな」ということを出発点にして、「だったら、どんな世界がいいかな」と想像を広げていってみましょう。

実は、つい湧いてきてしまうネガティブな想像や、望まない現実は、「あなたの本当の望みを知るために起こる」ともいわれています。

もし今、望まない現実が目の前にあるなら、あなたが本当に望むスピリッチな世界を教えてくれるために、目の前の出来事が起こっているのかもしれません。

その点をしっかり受け止めて、「もっとこうだったらいいな」「ここがこんな感じだったら最高かも！」と、妄想を膨らませていってくださいね。

もちろん、それが叶ったときの感情を感じることも忘れずに！

〝望むスピリッチな世界をイメージして妄想する〞という習慣がついたら、ものすごい勢いで人生が好転していきます！

だから、もし「私の人生はこれまでネガティブまみれだった」というかたがいたら、はっきり言って「伸びしろしかない」と思ってくださいね！

スピリッチ習慣
02
まとめ

感情をじっくり味わって、
それを声に出して周りに言ってみよう！
隙あらば、望む世界を具体的に妄想して！

Spi Rich
03
スピリッチ習慣

湧き上がってきた想いは今すぐ叶える!

前項で、「今の気分」や「今、私はなにを感じるのか?」という、「今」がいかに大事かということをお伝えしました。
ではなぜ、「今」がスピリッチに影響を与えるのかというお話をします。
それは、「今、湧き上がるもの」は宇宙からあなたに送られている〝サイン〟だからです。
スピリチュアル的にエネルギーを説明すると、
私たちは、どんな存在も物質もエネルギーでお互いがつながり合っていて、
それが宇宙全体で循環し、調和しています。
すべての存在が相互に結びついていて、

あらゆる存在、エネルギーは、宇宙全体の調和の一部として存在します。
〝宇宙の一部であるあなた〟は、宇宙のほかのすべての存在に影響を与えています。
あなたも私も、すべてが、その宇宙の調和の中にいるのです。
そして、**私たち一人ひとりに宇宙はサインを出します。**
〝宇宙全体の調和のために〟です。
では、**その宇宙からのサインに、どうやって気づけばいいのでしょうか。**
それが、「今、あなたから湧き上がる想い」なんです。
あなたの今、湧き上がる想いはなんですか？
例えば、私は「本を出版したい」とずっと思っていました。
そして、今こうやって、この本を読んでくださっているあなたがいて、
あなたがこの本をきっかけにスピリッチになったとしたら……、
「本を出版したい」と私の中から湧き上がってきた想いは、
あなたのためだったのかもしれません。
そして、あなたの豊かなエネルギーが今度はあなたから広がって、
誰かにスピリッチエネルギーを届けることになるでしょう。

あなたが「スピリッチになりたい」とこの本を手に取ったことは、最初から、宇宙全体の調和のためだったのかもしれません。

「そんな湧き上がる想いなんて、高尚なものは私にない！」

なんて思わないでください。

「喉が渇いた」「トイレに行きたい」「ちょっと座りすぎてお尻が痛い」

そんな、小さな湧き上がりや欲求も、実は宇宙の調和のためのサインなんです。

びっくりでしょう？（笑）

「風が吹けば桶屋が儲かる」という言葉をご存じですか？

一見まったく関係のないと思えるようなことでも、回り回って、実は因果関係があるという意味のことわざです。

湧き上がった願いを「今、叶える」習慣をつけよう！

今、あなたが叶えたいスピリッチな願いはありますか？

「あのバッグが欲しい！」

「海外リゾートに行きたい！」

「すてきな一軒家に住みたい！」

「家事代行を頼んで、ゆっくりしたい！」

それぞれいろいろあると思うのですが、
実はそれらって、あなたの欲望で勝手に湧いてきている願いのように見えて、宇宙の調和のために〝宇宙から送られてきているサイン〟なんです。

なので、まったく遠慮なんかせずに、湧き上がる想いを、どんどん叶えていっていいんです！

宇宙には尽きることのない無限の豊かさがあります。

宇宙からのサインである〝今、湧き上がる思い〟をすぐ叶えるということをしていったら、
間違いなく豊かになっていくと思いませんか？

なぜ〝今、叶える〟のが大事なのかというと、
宇宙全体の調和を目的として、宇宙は今、あなたにサインを送っているので、今、あなたが叶えないと、宇宙の調和が成り立たないのです。

すると、どうなるかというと、〝他の人へ〟流れていってしまいます。

「え〜〜っ！　そんなの嫌だ！　でもでも、そんなこと言ったって、今、お金がないし、時間だってないし、きっと周りの人に反対されるし、自分一人では無理だし！」

こんなふうに、今できない理由がいろいろありますよね。

はい、わかりますとも！

私だって、スピリッチに関する本を書いておきながら、まだまだ、今は叶えられない願いがありますし（笑）。

つまり、こういうことです。

今、叶えられないということも、宇宙全体の調和の中で意味があるのです。

だから、安心してください！

あなたの手をすり抜け、他の人のところへ行ってしまっても、
もう二度と叶えられないわけではありません。

でも、次のチャンスが来た！　と思ったときは、
躊躇《ちゅうちょ》なく、それをつかみたいですよね。

だからこそ、〝今、できることから叶える習慣〟をつけてほしいんです。

難しくなくてOK。身近で簡単なことで大丈夫です。

例えば、

「今日はお寿司が食べたいな」

「今日はデパ地下のお惣菜《そうざい》で済ませちゃおうかな」

「香りの高いコーヒーを飲みたいな」

こうした小さなスピリッチでいいので、
今、できるところから、それを叶えてみてください。

究極的には、リッチなことでなくてもかまいません。

あなたが「今、これをしたい」ということを叶える練習から始めてもいいんです。

「今、お水が飲みたい」と思ったら、できるだけすぐに叶えてあげる。
「今、トイレに行きたい」と思ったら、なにかを中断してもすぐに叶えてあげる。
そんな〝叶える習慣〟をつけていってください。
今すぐ叶える習慣がついてしまえば、
宇宙は、「あ、叶えてくれるのなら、この人をどんどん応援しよう！」って、
全宇宙があなたに味方をして、全力でサポートしてくれます。
あなたが、宇宙の無限の豊かさを受け取れる体質に変化しているからです。

〝秒〟で叶えれば、ネガティブ思考に邪魔されない

そして、この「今すぐ叶える習慣」をつけていくときにお勧めしたいのが、
〝秒でやる〟ということです。
叶えたいことが湧いてきたら、なる早ですぐ行動に移していくのです。
人間って、なにかをやろうと思っても、「めんどうくさいな」「あとでやろう」
「まだ大丈夫」といった思考が入り込んできて、
すぐに行動できないことがあります。

そして、行動できずにいると、「あぁ、やらなきゃ」「まだやれてない……」と、
どんどんネガティブ思考になってきて、エネルギーが重くなってしまいます。
その重さでさらに動けなくなり、
ついには、そんな自分を「なんてダメなやつ」と責めてしまうことはありませんか？
私は、よくありました！（笑）
だから、そんなネガティブな思考が入る隙もないくらい、
〝秒〟で動いて叶えちゃうのです！
考える暇もなく、秒で動いたほうがエネルギーは軽いままなので、
本当に動きやすいです。
実はこれは、宇宙最速で願いが叶っていく習慣でもあります。
湧き上がる想いを叶えるべく、秒で動くのですから、
物理的にも最速で願いが叶っていきますよね！
一般的に、お金持ちや成功者というのは、
お金より時間のほうに価値を置くかたがとても多いです。
物理的に、お金は増やそうと思えば増やせますが、

誰にとっても時間は限られていますよね。

だから、時間をどう使うか？　という意識を常に持つことで、スピリッチ体質に、よりなっていきやすいのです！

準備すればするほど成功率が下がる？

でも、そうは思っても、いろいろなことを準備して、完璧にやらなければ……と思っているかたも多いかなと思います。

しかし、私の周りにいる成功者や、お金持ち、スピリッチの人で、そんな人はほとんどいません（笑）。


とりあえず、動く！

動いてから、考える！


そういう人がほとんどです。

私自身もいつも、告知してからイベントや講座の細かな内容をつくっています。

内容を詰めてから、「これならできるかな」とスタートすることはほぼありません。

まずスタートしちゃって、

受講生の様子を見ながらのほうが内容の調整ができるし、
進めている途中に「降りてくること」もたくさんあるから、
結果、すごく良いものができ上がります。
不思議に聞こえるかもしれませんが、準備すればするほど成功率が下がるんです。
〝秒〟でやる、動きながらやるというのは怖いかもしれないけれど、
これは宇宙と自分を全信頼するという行為でもあります。
明らかに準備不足なのに、もうやり始めないといけないようなときは、
「もうできるから、やってごらん」という宇宙からのメッセージです。
焦る必要はないですが、宇宙と自分を信じて、秒で決断してやってみてほしいです。
でも、「これはかなり無理かも……」と感じた場合は、
「じゃあ、どのくらい時間をかければできるかな?」と
秒で考えてみてほしいのです。
実はここもすごく重要で、人間は「できない。無理」って思ったら、
無意識に〝そうしない行動〟を取るようです。
でも、「これぐらいならできるかも」と、

少しずつ「できるかも」に切り替えていくと、
やがて「100%絶対できる！」と思えるそうです。
これを何度も繰り返して習慣づけていけば、
だんだん「今すぐ叶える」ができるようになってきます。
これこそまさに、24時間引き寄せ体質になっていくということなのです！

スピリッチ習慣
03
まとめ

湧き上がる想いは「宇宙からのサイン」だから、
今すぐ叶えよう！〝秒でやる習慣〟をつけて！

Spi Rich
04
スピリッチ習慣

ネガティブなエネルギーと距離を取る方法

私たちが見ている現実はすべて、目に見えないエネルギーが物質化したものです。
では「エネルギー」って、そもそもなんでしょうか?
私たちには肉体があって、細胞があって、細胞の中には原子がありますよね。
原子の中にある物質は、さらに「素粒子」と呼ばれ、
物質を構成する、この世で最も小さい単位とされています。
そして、その素粒子は常に振動しています。
人間や動物、植物などの生物、それ以外のスマホやこの本も、
原子が集まってできていますよね。
つまり、人間を含めたこの世のすべては、素粒子でできていて、

究極の姿はエネルギーだということなんです。
突拍子もないことを言っているようですが、
量子力学の観点からすれば、ごく普通の考え方です。
そして、すべてのエネルギーは、共振共鳴し合ったり、引き合ったりしています。
エネルギーは、どうしても影響し合うのです。
例えば、テンポが同じメトロノームをいくつか置きます。
そこに違うテンポのメトロノームを1つ入れると、
そのうち、両者のメトロノームのテンポが合ってくるんです！
これは、メトロノームから放たれているエネルギーが共鳴し合って、
「エネルギー伝染」しているから起こる現象といえます。

✦お金持ちやスピリッチは一緒にいると伝染する

私たち人間も同じで、常に共鳴し合って、伝染し合って、互いに影響しています。
例えば、波動の高い人と一緒にいると、
なんだか元気になったり、前向きになれたりしませんか？

これはエネルギー伝染しているからです。

だから、お金持ちになりたい、スピリッチになりたいという場合は、〝お金持ちと一緒にいる〟〝スピリッチな人と一緒にいる〟ことが大事。

そして、この伝染したエネルギーが定着してくると、あなたは「24時間スピリッチ引き寄せ体質」になっていくのです。

やはり実際に会うと、エネルギーの伝染力は強いです。

メトロノームと一緒で、スピリッチな人のエネルギーの振動が伝わってきて、あなたの全細胞で共鳴していきます。

お金持ちのマインド、成功者の行動や思考、振る舞いなどが、エネルギーとして伝染するのです。

実際、お金持ちに会うことを徹底的に実践し、成功した人も多いので、あなたがあこがれるお金持ちや、理想のスピリッチを手にした成功者の講演会やセミナーに行くのはお勧めです。

また、起業を目指すなら、経営者などが集まる交流会に積極的に参加してみるのもいいと思います。

✦「なんか違う」人とは距離を置いたほうがいい

もちろん、逆もしかりです。

「こんな人にはなりたくないな」「私が望むスピリッチな世界とは違うな」というような人や、「なんか周波数が違う」人とは、距離を置いたほうがいいかもしれません。

「そうではない人」と離れることで、「そうではないエネルギー」の影響を受けることがなくなるので、あなたのエネルギーが軽くなります。

そうは言っても、お金持ちや成功者に出会うことや、出会えたとしても常に一緒にいることって難しくないですか？（笑）

そこで、新時代のネオスピ的な方法をお伝えしますね！

YouTubeや本、SNSを使うんです。セレブのYouTubeを見たり、スピリッチな本や成功者のSNSを読んだりすることでも、スピリッチエネルギーは伝染します。

YouTube や本やSNSを活用して、
その人の姿を見たり、話を聞いたり読んだりしていると、
その人の価値観に共感してきたり、新しい発想をもらえたり、
自分の意識や行動が少しずつ変わってくることを実感すると思います。
こんな意識で、こんな感覚で生きているんだなぁと伝わってきますよね？
これがエネルギー伝染です。

リッチな動画を見るときは「次は私の番！」とイメージ

私はよく、ラグジュアリーなホテルやスイートルームに泊まったときに、
そのお部屋から YouTube 撮影をしたり、インスタライブ配信したりしています。
実は、YouTuber 的には、自慢をしているように受け取られることもあるので、
あまりしないほうがいいんです。
でも私は、その空間で得ているスピリッチなエネルギーを
みんなにシェアしたいので、どんどんやっちゃっています（笑）。
そのとき、私がみんなに必ず伝えるのが

「あなたも実際にここにいる気持ちで〝体感〟しながら見てね！」ということ。
エネルギー伝染は、受ける側の意識状態もすごく大事なんです。
「こんなところに泊まれていいいなぁ」「私には無理……」ではなく、
あなたも実際にその場にいるイメージをしながら見ることで、
エネルギーの伝染力は圧倒的に高まります。
「うらやましい」という気持ちをどうしても抱いてしまうときは、
「いいな♡　もし私が泊まるときはこんな服を着ていこう！」と、
同じ「いいな」でも、ポジティブな波動で「いいな」と思ってください。
この違いが、引き寄せるものを変えます！
また、私がみんなにもう1つ、必ずお伝えしている言葉を紹介します。
「美湖がスイートルームに泊まれるようになって、
それを今あなたが見ているということは、
あなたもスイートルームに泊まれる周波数を持っているからだよ！
波動が共鳴しているの。だから、次はあなたの番だからね！」
そうです。この本を読んでいるあなたは、

今もうすでに、どんどんどんどん、スピリッチエネルギーに伝染している状態です！
エネルギーは、時間や空間を超えて届いていきます。

習慣づけに最もお勧めなのは「朝の時間」

ただし、一度スピリッチエネルギー伝染したくらいでは、
なかなか定着しづらいのも事実。
何度も繰り返し見る、聞く、読むことを実行し、習慣をつけることが大事なのです。
その習慣づけに、最もお勧めなのが「朝の時間」。
無意識で動けるようにルーティーン化して、習慣にしやすい時間帯だからです。
なにより朝は意識がクリアなので、
そのクリアな意識に新たな気持ちで、スピリッチマインドを入れ込みましょう。
朝食時に、スピリッチなYouTubeを見るとか、
通勤・通学中にスピリッチな本を読むといった習慣によって、
スピリッチ体質がつくられやすくなります。

さて、前述したように、エネルギーの伝染はプラスだけではなく、マイナスの場合もあります。

スピリッチな世界が高い波動だとすると、逆の世界は低い波動なんです。

地球には重力があるので、エネルギーは高いほうから低いほうに流れます。

つまり、せっかく上げたエネルギーも、スピリッチではない世界に触れることで下がってしまうことがあります。

だから私は、自分のスピリッチエネルギーが定着するまでは、激安店や百円ショップには、あえて行きませんでした。

そういうお店が悪いと言っているわけでは決してありません。

宇宙レベルで見れば、オールOK！　どちらを選択してもいいのです。

だから今は私も、お安い大衆酒場などが大好きで、雰囲気などを楽しみに行きますし、セレブなかたも、百円ショップの商品を上手に活用されていますよね！

とはいえ、スピリッチエネルギーが〝定着するまでは〟「そうではない世界」や「そうではない人」の影響を受けてしまうことがある、ということは覚えておいてくださいね。

天然塩の強力な浄化作用を活用しよう

そこで、スピリッチになることに限らず、どんなときでも使えるエネルギーの浄化方法をお伝えしたいと思います！

私の一番のお勧めは、天然の塩を入れた塩風呂に入ること！

塩は古くから、けがれを祓《はら》い清めるとされています。

これは、塩の「食物などの腐敗を遅らせる効果」や「塩自身は腐ることがない性質」からきているようです。

スピリッチ的な暮らしでは、塩を豊かに使うことがとても効果的です。

なんなら一袋丸ごと天然塩を湯船に入れて、「浄化塩風呂」に浸かるくらいで！

エネルギーは水に転写されやすいといわれているので、お風呂に入るだけでも、不必要なエネルギーが浄化されていきます。

ご自宅の環境などによって、湯船に塩を入れることが難しい場合は、塩で優しく身体を擦ってシャワーで流してください。

特に、背中側の首の根元がエネルギーの入り口だとされています。

不必要なエネルギーは愛と一緒に水に流す!!
塩

念入りにお手入れしましょう。

それも難しいというかたは、塩で手を洗うだけでもかまいません。

または、天然塩をほんの少しだけなめて、「今、このお塩で浄化されている」と感じてみてください。

お塩以外にも、ホワイトセージの煙、ヒーリング音叉《おんさ》など、浄化能力が高いといわれるアイテムがあります。

なかでも超お勧めなのが、クリスタルやパワーストーンなどの「石」です。

クリスタルや「石」って、何万年の奇跡の結晶ですよね。

パワーが宿らないわけがないと思いませんか?

ネオスピ的には、「香り」も浄化とスピリッチエネルギーを定着させるためにお勧めできるアイテムです。

天然の精油100%のフランキンセンスというアロマを主成分として、私自身の祈りを込めた香りを「宇宙オイル」として、私はいつも持ち歩いています。

最近では、音楽などの「音の周波数」も、かなりの浄化作用を持ち、エネルギーを守ってくれる効果があると感じています。

また図形にも、浄化やパワーチャージの効果があると感じます！

神聖幾何学《きかがく》模様などは、形そのものがエネルギーを表し、エネルギーを集め放っているとされています。

巻頭に掲載した「スピリッチ波動マーク」もパワーがあるので、この本自体からエネルギーが放たれていますし、美湖の祈りもたっぷりと込めてあります。

✦浄化を習慣にしながらネガティブにも感謝！

毎日の中で、「浄化」を意識して習慣化することで、あなたは「不必要なエネルギーを受け取れない体質」になっていきます！

このように、エネルギーを守る習慣をつけていくと、

波動が下がることがなくなるので、いつも高波動な状態でいられます。

「高波動＝スピリッチ」です。

スピリッチ体質になるために、浄化は欠かせないものと考えてほしいのですが、

ネオスピ的には「不必要なエネルギー」も

けっして〝忌み嫌うものではない〟とも私は感じているんです。

誰かを憎むような思いだって、誰かを恨むような思いだって

「なんで私を大事にしてくれないの？」

「私をもっと愛してほしいだけなのに！」

という自分への愛の思いから生まれてくると思うのです。

湧き起こる不安は、「つらい思いをしたくない」という自分を守る愛。

なにかに対する怖さは、「傷つきたくない」という自分への優しい愛。

誰かへの嫉妬は、「私だってもっとできるのに」という自分への信頼の愛。

だから、どんなネガティブな想念も、どんな不必要なエネルギーも、

元はすべて愛から生まれていると私は感じます。
だから、ネガティブなエネルギーは、
受け取るのでも、拒絶するのでもなく、「受け流して」ほしいのです。
嫉妬も怒りも、「すべて根源は愛」なんです。
そう思ったら、少し楽になりませんか？
そして、そのネガティブなエネルギーも、「この地球ならではの感情」です。
宇宙から見ると、どんな感情も豊かさなのです！
「すべては愛」と感じることで、宇宙の無限の豊かさとつながっていき、
スピリッチな世界がどんどん広がっていきます。

スピリッチ習慣
04
まとめ

豊かなエネルギーはSNSや本から取り入れ、
不要なエネルギーは塩などのアイテムで受け流す！

第2章

お金のブロックを浄化して未来を先取る！

Spi Rich

05

スピリッチ習慣

あなたのエネルギー、漏れているかも！

「スピリッチになりたい！」

「お金持ちになりたい！」

「夢や願いをどんどん叶えたい！」

と思って実行に移しても、なかなかそうなっていかないというかたは、
もしかして、「エネルギー漏れ」になっているかもしれません。

私から見ると、ご本人がエネルギー漏れを起こしていることに気づかないまま、

「スピリッチになりたい！」と、エネルギーを使って頑張っている人が多いです。

それって、エネルギー的にすごくもったいなくて、
効率のよくないことをしているんです！

では、なぜエネルギーが漏れてしまうのでしょうか。

不安や焦りといったネガティブな思いや、他人の目や常識などを気にしすぎて、「どう思われるだろうか」という思考のほうにエネルギーが使われてしまっているんです。

これは、日常的にエネルギーの無駄使いをして、ちょろちょろ漏れてしまっている状態。

そうなると、目の前に豊かになれる「スピリッチチャンス」がやってきたとき、それを見逃してしまったり、チャンスをつかんだとしても、エネルギータンクが少ないせいで力を発揮できなかったりします。
あなた本来のパワーやエネルギーを出すことができないんですね。
なぜこんな「エネルギー漏れ」になってしまっているかというと、
自分の中にあるリッチに対する心理的ブロックや、
お金に対するネガティブな思い込みのせいで、
エネルギータンクに穴が空いてしまっているのです。

タンクに穴が空いた原因は、真実ではない刷り込み

実は、ネガティブな思い込みや、リッチに対する心理的ブロックって、
「真実ではない」ことが多いのです。
例えば、「私なんてお金持ちになれない」と感じている場合。
幼い頃、ご両親からずっと「うちにはお金がない」「今月も大変だわ」
「ぜいたくはできないから我慢して」と聞かされていたら、
「私にはお金がない。私なんかお金持ちになんてなれない」と
刷り込まれてしまうと思いませんか？　これがスピリッチブロックです。

でも、それって真実でしょうか？　ちょっと視野を広げてみればわかりますよね。
たとえ幼い頃に貧しくても、お金持ちになったかたや、
お仕事で大成功されたかたはたくさんいます。
なんなら、そうしたケースのほうが多いかもしれません！
幼い頃の家庭環境とか、学校生活とか、大人になって誰かに言われた言葉などで、
あなたのエネルギータンクに穴が空いてしまったのかもしれません。
こんなふうに、過去に感じた出来事から、今の思い込みがつくられています。
「それらは真実ではない」
そう思うと、少しホッとして、心の穴がふさがりませんか？
そのホッとする感覚というのは、エネルギーの周波数を変えるので、
体質の改善につながります！
思い込みだと気づいてホッとすることで、スピリッチな世界に一歩近づきます。
過去の出来事のせいで、真実ではない思い込みに強く、強くとらわれてしまい、
お金の不安や、成功するのが怖いという穴ができてしまうのは

誰にでもあることです。
私自身にもあります。めっちゃ、ありますとも！
できてしまった心の穴と向き合い、心を癒してあげましょう。
次のワークで、
しっかりと穴の補修作業をしてあげてほしいと思います。

心の穴がふさがる「ぐちゃぐちゃワーク」のやり方

紙と鉛筆を用意してください。

ボールペンなどではなく、鉛筆（2B以上）がお勧めです。

まずは、お金に対してなにかネガティブな感情があるかどうか、
じっくりと探してください。

不安、焦り、怒り、憎悪、絶望……。

「どうせ私には無理」「私にスピリッチなんかふさわしくない」

「私はリッチになってはいけない」「こんな生活は嫌だ」

「お金を得るには、しんどい思いをしなくてはいけない」などなど。

今の心の奥にあるお金に対するネガティブな気持ちを感じます。

次に、その湧いてきたネガティブな気持ちを、そのまま紙に書いてください。

きれいな言葉、丁寧な言葉じゃなくてかまいません。

文字もきれいじゃなくてかまいません。

すべて、そのままの気持ちを乗せて書いてください。

全部書いたら、それらの文字を感情のままに、グルグルぐちゃぐちゃに鉛筆で書きつぶしてください。

その紙に、ネガティブな感情を転写するような思いで、グルグルぐちゃぐちゃに書きつぶします。

心ゆくまで、ぐちゃぐちゃに書きつぶしたら、最後にその紙を捨てます。
クシャクシャに丸めたり、ビリビリに破ったりしてもOKです。
安全な場所なら、燃やしてしまってもいいでしょう。
（※火事や、やけどにはくれぐれも注意してくださいね！）
この「ぐちゃぐちゃワーク」をすることで、
ネガティブなエネルギーが解放され、心が癒されて穴がふさがっていきます。
心の穴がふさがっていくと、エネルギーは漏れませんから、
スピリッチ体質へとなっていきます。
実は誰しも、本質的にはとても豊かで、そもそもがスピリッチな存在です。
ただ、いろいろな思い込みや真実ではない解釈で、エネルギー漏れをしているだけ。
穴がふさがれば、あなた本来の豊かなパワーが満ちていきます。

悪い妄想にとらわれるのは、心が「今ここ」にないから

また、ネガティブな妄想にとらわれてしまうのは、
心が「今ここ」にないことが多いのです。

お金の不安を感じることはありますか？
「これを買ったら、お金がなくなっちゃって困るかな？」
「もしかしたら、このままだと老後やっていけないかも」など、
お金に不安を感じる場合、たいていがまだ起きてもいない
「未来のお金の不安」です。不安は未来にしかありません。
今これを読んでくださっているほとんどのかたは、今日は食事ができるし、
寝るところもあるのではないですか？
今、この瞬間は大丈夫！　不安なことはまだなにも起きていません♡
例えが悪いかもしれませんが、借金があったとしても、
今、この瞬間は生きていますよね？　それはまぎれもない真実です。
もしよかったら、否定してみてください（笑）。
「借金を抱えて、この先どうしよう……」と、
まだ見ぬ未来を先走って不安に感じているのです。
もちろん借金などは、必要があれば専門家にも相談しながら、
現実的な対処をしていくことも大事ですが、本書ではエネルギーの話をしています。

「最初にエネルギーありき」なのです。

その後に、現実がつくられるということを、しっかり理解してくださいね。

不安で悩んでいる状態の周波数では、問題の解決策は降りてきづらいです。

不安の周波数と、解決の周波数はまったく違います。

まずは自分のエネルギーに意識を向けて、それを変えていくことが大切です。

「安心の周波数」になるように気持ちを切り替えてから考えましょう。

こういうエネルギーの法則を知らないことで、どんどんパワーが漏れていったら、

それって、すごくもったいないですよね！

未来の可能性は無限です！

宇宙の豊かさも無限です！

自分のエネルギーは、スピリッチな未来に向かうために全力で使いたいですよね。

だから、不安に引っ張られそうなときは、

「今、ここの安心」にどうか気づいてください。

その瞬間に、不安に向かっていた意識が自分に戻り、パワーが戻ってきます。

「今、ここの安心」の意識に戻す、戻す、戻す――
ということを繰り返し念じて、習慣づけてください。
私たちの世界は、「今」の連続。今しか、ないんです。
「今、ここのエネルギー」からスピリッチな未来はつくられます！

不安だけでなく「怖さ」もエネルギー漏れの原因に

さて、実際にお金がないという現実から起こる不安ではなく、
豊かになる「怖さ」というのも、実はエネルギー漏れの原因になります。
例えば、お金をたくさん稼いだら周りに嫌われる、
本当にスピリッチになってしまったら忙しくて時間がなくなるなど、
スピリッチが現実になったときの恐怖というものが、
ブロックになっている場合も多いのです。
実は私自身も、スピリッチに対する恐怖心がありました。
でも、そのブロックを壊したら、一気に月収200万円になった話をしますね。

私がシンガーソングライターとしてデビューした頃、人気が出てくると、
有名なプロデューサーさんや、レコード会社の社長さんに接する機会が増えました。
名前を聞けば誰もが知っている有名アーティストと
オーディションで一緒だったこともありました。
そんなとき、独学で音楽を学び、ポンッとデビューした私は、
ものすご〜く気後れしてしまったんです。
「わたしは独学だから、知識がないから」と、
音楽での表現もどんどん萎縮《いしゅく》するようになり、
同時にほかのいろいろな原因も重なって、うつ病になってしまいました。
うつ病を克服した詳しい経緯は、私の2冊目の書籍
『「オールOK」で絶対うまくいく!』（KADOKAWA）に書きましたが、
入院もして、治るまでトータルで5年間くらい患いました。
その後、うつ病もよくなり、
スピリチュアル系インフルエンサーとしてデビュー。
アカシックリーダーとしても活動するようになりました。

起業し、お仕事していく中で
「月商100万円」という目標を立てたのですが、なかなか達成できずにいました。
そんなとき、あるかたのライブ配信で、
「自分の中の怖さのブロックを壊すと、収益が上がる」という話を聞き、
さっそく、「100万円達成できない理由には、どんな怖さがあるからだろう？」
と自分の心を掘り下げたんです。
そうすると、「月商100万円達成＝認知度が上がって有名になる。
有名になったら、またすごい人に会わないといけない。だから怖い」
という心のブロックに気づいたのです。
シンガー時代の思い込みから、
「すごい人が怖い」という心のブロックができてしまっていたのです。

恐怖に立ち向かってブロックを壊そう！

衝撃でした。
シンガー時代も、スピリチュアル系インフルエンサー当時も、

成功することを一番に願って頑張っていたのに、
突き抜けられない理由が、この怖さというブロックだったのです。
「このブロックを壊して、インフルエンサーとして成功する！」と決めて、
そのために強行突破しようと〝秒〟で動きました。
具体的には、一番怖かった「すごい人に会う」ということを実行したんです。
大きなセミナーに行き、そこの一番トップの男性との
マンツーマン面談を申し込みました。
社会で大成功している、とても優秀で怖そうな男性経営者です。
そのかたの大きなオフィスに伺い、個室で1時間くらいお話ししました。
どんな話をしたのか……緊張で細かく覚えていません。
ただ、面談が終わった後、ホッとして泣き出してしまったのを覚えています。
でも実際に話してみたら、そんなに怖くないと思うようになり、
私の成功することへの怖さのブロックが壊れました。
するとなんと翌月、月商200万円を軽く超えたのです。
それ以降も、イベントやパーティーなどで、「すごい人が怖い」と感じるときは、

まずは「あ、私は怖いと感じているな」と、
そのままの気持ちを俯瞰《ふかん》して受け入れてあげました。
外側に向かっている意識を自分に戻すというイメージです。
そうしてから、「怖いけど、どうしたい？　どう在りたい？」と
自分に問うようにしました。
その相手に対して難なく話せるときもあるし、
「ちょっと今日は話さずに、また今度にしようか」と判断するときもありました。
「できないときがあってもいい。美湖は人間だもの！」と、
自分を責めないこともネオスピでは大切な部分です。
どんなときも自己対話するようになると、
漏れそうになるエネルギーがどんどん戻ってきて、
自分の本来のパワーが満ちてくるようになりました。
すると、怖さがなくなっていき、
いろいろなジャンルのお仕事に挑戦できるようになりました。
そうして起業わずか4年で、グループ年商2億円を超えるまでになったのです。

もちろん仕事だけではなく、心のブロックが外れたことで生きること自体がとても楽になりました。

宇宙の流れに乗りやすくなり、まさに24時間引き寄せ体質で、さまざまな方面で豊かさや幸せを感じられるようになったのが本当にうれしいです。

エネルギー漏れまくりで5年間うつ病だった私にもできたんだから、絶対にみなさんもできます！

エネルギー漏れを改善していきましょう！

スピリッチ習慣
05
まとめ

「ぐちゃぐちゃワーク」で成功や豊かさへのブロックを壊そう！

「今、ここの安心」に意識を戻す・戻す・戻す！

Spi Rich
06
スピリッチ習慣

未来の自分に不必要なものを処分する

「はじめに」でも書いたように、私は離婚をしました。

でも、離婚をしても一緒に暮らして家族として支え合う「同居離婚」というスタイルを選択しました。

実は当時、私はなんと公認彼氏もいるという状況でした。

それを旦那さんはもちろん、子どもも、実の両親も認めてくれているという普通では信じられないような環境でした。

そして、このスタイルを公表していたので、周りもみんな認めてくれていました。

なので、特に届けを出す正式な離婚をしなくてもよかったのです。

旦那さんもそれを望んでいませんでした。

同居離婚を切り出したのは私からです。
なぜ、離婚をしたかったのかというと、
当時つき合っていた彼氏と結婚したかったわけでは決してなく、
「旦那さんへの恋愛感情がなくなった関係なのに、結婚という枠の中にいるのが、自分のエネルギーの純度的に嫌だった」という自分勝手な理由でした。

自分の願望を叶えるため、徹底的に断捨離した

さらには、離婚をしても同居して、子どもの親として、家族として、変わらずに支え合いながら暮らしたいという、本当にわがままな離婚だったのです。

こんな申し出、旦那さんが受け入れてくれるか不安だったし、
どう切り出してどう話せばいいか、いろいろ考えました。

そのとき私は、私の第一の願いである同居離婚をすんなり受け入れてもらうために、あることを徹底的にやろうと決めたんです！

それは、「断捨離」でした。

断捨離は、ものを処分することで、ものから発せられるエネルギーがなくなるので、

空間のエネルギーが滞らず、すっきりして循環がよくなります。
それによって、ものごとがスムーズに進むようになり、
望むような豊かな現実が引き寄せやすくなります。

私はとにかく断捨離しまくり、そして、その後は祈りました。
ずっと実家で暮らしていたため、すごくたくさんのものがありましたが、
できる限り断捨離しました。

そうして旦那さんに同居離婚を切り出したとき、
「うん、いいよ！」と即答してくれたのです。
なんと30分で同居離婚の話が決まりました。まさに滞りなく！

それまで旦那さんに対して心がけてきた
「本音でのパートナーシップ関係の構築」などの影響も
あるとは思うのですが（これは後で詳しく書きますね）、
断捨離を実行していなければ、ここまでのスムーズさは決してなかったと思います。

私は断捨離の際に、〝あること〟を意識して行いました。

同居離婚が叶った後の豊かな未来をイメージして、妄想をしていたのです。
その望む未来に共にあるとイメージできるものは残して、
そこにないと感じるものは処分する。これを徹底しました。
実は、この意識はとても重要だと思います。
もしあなたが、スピリッチを現実化させようと思っていても、
なかなかそれが叶わないときは、
あなたの周りの「もの」に意識を向けてみてください。
スピリッチではないエネルギーを発していると感じるものを
定期的に処分する（リリースする）習慣をつけてください。
前項で解説したとおり、不必要なエネルギーがクリアになると、
本来のあなたのパワーが戻ってきて、スピリッチ引き寄せ体質になりやすいんです。
つまり、「スピリッチになったあなたにふさわしいか、ふさわしくないか」を
手放す判断基準にするということです。
前述しましたが、私は同居離婚を切り出す前の断捨離のときに、
まさに「なりたい未来を想像して、そこにあるもの、ないもの」を

判断基準にしました。

だから、まずはあなたが望むスピリッチな世界をイメージしてください。

スピリッチですてきなあなたが、

「これは持ちたくないな」「スピリッチな私にはふさわしくないな」と感じるものは思いきって手放してください。

波動の低いものを持っているとエネルギーが停滞する

地球は重力の影響があって、
高く軽い周波数のものは、低く重い周波数のものに流れます。
自然の状態なら、熱も温度は高いほうから低いほうへ、
水も高いほうから低いほうへ流れますよね。
あなた自身のエネルギーがスピリッチに高くなっても、
低いエネルギーのものを持っていると、
そちらに引っ張られて流れてしまうかもしれないというのは、おわかりですね。
だから、そういったふさわしくないものを手放すことで、

あなたのエネルギーがスッと軽く、高波動になって、
理想のスピリッチな世界が実現しやすくなるのです。
いつも高波動に整えているはずなのに、なぜか願いが叶わない、
スピリッチな世界がなかなか引き寄せられない、
そういうときは、もしかしたら、それを邪魔している
〝あなたのエネルギーを下げるもの〟が近くにあるのかもしれません。
物質がそれぞれ持つエネルギーは、常に振動していて循環しています。
なので、ふさわしくない過去の「もの」をいつまでも取っておくと、
エネルギーが停滞してしまいます。
スピリッチな世界を目指すなら、
特に、お財布など、お金にまつわるものが大事。
お財布って、毎日のように使うものだから、
特に意識しないと気づきづらいのですが、
汚れてきたり、ヘタってきたり、ちょっと元気がないような……。
エネルギー的に小さくなってきているような気はしませんか？

私がビジネスコンサルティングをさせていただいた生徒さんの中に、毎年、年商1000万円超えをしている女性がいます。

彼女はサルートという美しい下着が好きで身につけているそうなのですが、なんと、1~2カ月でその美しい下着を処分するそうです。

布はエネルギーをため込みやすいので、
彼女いわくエネルギーがヘタってきているのがわかるそうなんです。

「まだまだ美しいんだけど、ごめんね」と言って手放すそうです。

すごいスピリッチ習慣ですよね。

空いた空間には必ず豊かなエネルギーが入ってくる！

エネルギーは常に新鮮なものが循環しているのが望ましいです。
ものを手放すと、空いたスペースには必ず
鮮度のいい豊かな新しいエネルギーがやってきます！
引っ越しをすると人生が変わる、とよくいわれるのは、
引っ越しを機に、これまで溜めこんで重くなった周波数のものを

たくさん処分するから、という側面もあります。

でも、まだ使えるものを手放したり断捨離をしたりするのは、勇気や思いきりが必要ですよね。

私もなかなかものを捨てられないタイプだったので、すごくわかります。

そんなかたは、まずは軽い気持ちで、無理のない範囲で一回だけ断捨離をやってみてください。


「自分にふさわしくないかどうか、わからない」

「迷ってしまう」という場合は、残しておいて大丈夫です。

狭いスペースであっても、一度断捨離してみると、あなたのエネルギーが軽く変わるのが実感できると思います。

そして、その感覚を味わって少ししたら、もう一度、断捨離をしてみます。

そうすると、「1回目は迷っていたのに、今は手放せる気持ちになっている」など、きっと最初の感覚と変わっていることに気づくと思います。

そんな軽い気持ちで、断捨離を繰り返していく習慣をつけるんです！

気づいたときには、びっくりするぐらいスッキリしているはず。

断捨離というとビニール袋20個分？　なんてイメージしちゃうと、「大変そうで、めんどくさい」って思いますよね。わかります！

だから、「とりあえず、キッチンのこの引き出しだけ、ちょこっとやってみるか」という感じで、スモールステップから始めてみるのがお勧めです。

少し動き出すと、エンジンが温まってくるような感じで、「こっちもやってみようかな！」と範囲が広がっていきますよ。

手放すことに罪悪感は持たなくてOK！

さらにいくつか、スピリッチ的なコツをお伝えしましょう。

「いつか使うだろう」と取っておいてあるものは、思いきって手放しましょう。

「もし必要になったら、そのときにまた買えばいい！」というのもスピリッチ的な考えなので、ぜひ身につけてほしいです。

「まだ使えるし、もったいない」も同様です。

「でも、それって地球環境的によくないよね」という気持ちもあるかと思います。

たしかにそうなんですが、それよりも私は、
〝自分にふさわしくないものを手放すことは、宇宙の流れの中〟
だと思っています。
でもでも！
ゴミとして処分するのはどうしてもしのびないという場合は、
誰かに譲ったり、寄付できる場所を探したり、
フリマアプリで売ったりなど、ぜひ有効活用してくださいね。
私も、中2くんが小さい頃に着ていてサイズアウトした服や靴、おもちゃなどは
毎回ご近所のママ友へ譲っていました。
そこのお家は三兄弟だったため、
息子↓長男くん↓次男くん↓三男くんと受け継がれて（笑）、うれしかったです。
それができるかたは、そうなさってくださいね！
でも人に譲ったり売ったりできないかたは、
〝自分にふさわしくないものを手放すことは、宇宙の流れの中〟
という言葉を思い出して、罪悪感は持たないでくださいね。

最後に、手放すときのスピリッチ的に重要なことをお伝えします。

「ありがとう！」という感謝の気持ちを乗せて手放すということです。

あなたの〝今〟や〝未来〟には必要はないものだけれど、これまであなたのそばでエネルギーを発し、共鳴してくれたものたちですよね。

どうか「ありがとう！」と声に出して手放してください。

そして、その手放すものに、あなた自身の不必要なエネルギーも乗せて、一緒に手放しましょう。

これも、今までありがとうの想いで手放してくださいね。

実は私、「処分」という言葉が苦手です。だって愛着ありますものね。

たまたま昨日の深夜、急に思い立って、たくさんのお洋服を手放しました。

「これまでありがとうね」

「大好きだったよ、でも新しいステージに行くね」

「あまり着られなくてごめんね。でも買ったときのワクワクをありがとうね」

と思い出を感じながら、1つひとつに想いを伝えて胸が痛くなるほどでした。

でも、そんな想いに応えてくれるかのように、

「お役目が果たせてよかったよ」とお洋服たちが言ってくれているようでした。

ありがとうのエネルギーで手放すと、
ありがとうのエネルギーが還ってきます。

ありがとうのエネルギーは、まさに豊かなスピリッチエネルギー。

この習慣をつけると、どんな処分や手放しも
豊かなエネルギーで還ってくるんです。

エネルギー的にはもう合わないと感じるし、

スピリッチな世界にはふさわしくないとはっきりわかるけれど、
でも手放すのがつらいと感じるときは、
写真を撮って、思い出というエネルギーで残しておくのもお勧めです。
人生の新しいステージであるスピリッチな世界に向かっていく勇気の一歩として、
「ありがとう」の感謝と共に、お別れしましょう。

スピリッチ習慣

06

まとめ

空間のエネルギーを浄化する断捨離を少しずつ実行！
手放す基準は、未来のあなたにふさわしいかどうか！

Spi Rich 07 スピリッチ習慣

理想の未来の自分に周波数を合わせる

前項では、スピリッチな世界にふさわしくないものを手放すお話をしました。
少しでも実践してくださったかたは、きっと心がスッキリして、
なんだか軽やか！　という感じになっていませんか？
手放すというのは、「過去の自分」がクリアリング（浄化）された状態です。
ものと一緒に、あなたの過去の、不必要になったエネルギーも手放されたと思います。
では、ここからは望むスピリッチな世界へ一気に上昇するために、
やってほしいワクワク習慣をお伝えします。
それは、スピリッチな未来のあなたに周波数を合わせていくことです。
「あれ？　さっきもやったよね」と思いましたか？

そうです。スピリッチ習慣②のところで少し解説しましたね。
スピリッチな未来をイメージして、隙あらば妄想し、
そのときの「ウヘウヘ」「ウェイウェイ」という豊かな感情を
そのまま味わう習慣をつける。
すると、それは未来のスピリッチな世界の周波数を常に放つことになるので、
すごい勢いでスピリッチな現実が引き寄せられる、というしくみです。
思い出しましたか？
そのスピリッチな未来の先取りに、さっきの断捨離とは逆のことをするのです。
スピリッチな世界にいるあなたが〝使っているであろうもの〟を今、買います。
ものを使って、未来のスピリッチエネルギーと、
今のあなたのエネルギーを合わせちゃうのです！

望む未来にいる私はヒールの靴を履いていた

私の例で説明しますね。
私はYouTube以外にも、アカシックリーダーというお仕事をしています。

宇宙にあるアカシックレコードという宇宙クラウドのような情報元とつながって、リーディングし（読み解き）、必要なメッセージを降ろしています。

アカシックレコードは「未来の可能性の図書館」のようなものです。


まだ私がアカシックリーダーになりたての頃、

「アカシックリーダーとして成功しているスピリッチな未来の自分」をリーディングして、自分の未来を見たことがありました。

そこで私は、すてきな「ヒールの靴」を履いていたんです。

実は、私は歩くことがとても苦手です。

ましてや、ヒールなんて履いて歩いたら痛いだけでなく、慣れてもいないので、きっと転んでしまいます（笑）。

当時の私はヒールの靴をまったく持っていなかったのです。

でも、アカシックリーディングで見えた未来だから、
未来のスピリッチな自分に周波数を合わせれば実現が早くなるのは間違いない、と〝秒〟で行動しました。すぐにヒールの靴を買いに行ったんです。

銀座のお店でワクワクしながら、スピリッチな自分を思い描きながら、スピリッチな未来を先取りして、ヒールの靴を何足か購入しました。

そして、**意識して少しずつヒールを履く習慣をつけました。**

すると、そのうち、交流会などに参加することが増え、講師の仕事などもいただくようになって、ヒールを履いてビシッと決める必要が出てきたのです。

気づいたら、そのヒールをよく履くようになっていました。

それと同時に、1年もたたずにアカシックリーダーとして成功し、自分の現実がスピリッチな世界になっていったんです。

本当に〝ヒールを履いているスピリッチな未来〟がやってきました。
でもまだ、今でもヒールで歩くのはちょっと苦手です（笑）。

未来の自分が使っているものを先に買っておく

もう1つ、仕事とは違う例があります。
これは公認彼氏とまだおつき合いをしていた頃のお話です。
※ちなみに、公認彼氏とは3年前にお別れしました（笑）。
おつき合いをしていた当時、
その元彼は、とても日当たりの悪い部屋に住んでいました。
私は「日当たりが良いお部屋に引っ越したいな」と願っていたんです。
ただ、それは私が思っていただけで、元彼には言っていませんでした。
「日当たりが悪いから引っ越したいよね」なんて、
なんか悪くて本音を言う勇気がありませんでした。
でも、そんなあるとき、すてきなペアのマグカップを見つけたのです。
未来の日当たりの良い、すてきな部屋をイメージしたら、そのマグカップがぴったり合ったので、私は未来を先取りして購入しました。
そして、自分のお部屋に飾ってワクワクしていたんです。
その後、私がパートナーシップを学び、
コミュニケーション術を実践するようになったこともあり、
元彼に「引っ越ししたい」といい感じで言うことができました。
すると、シンクロ的な流れも起き、
なんとマグカップを買って数カ月後には、日当たりのよくてすてきなお部屋に、
そのマグカップはあたかも最初から
置かれることが決まっていたかのように飾られていたのです。
二人でそのマグカップを使うことができたときは、本当に感動しました。

「スピリッチな未来が来たら買おう」ではなくて、
望むスピリッチな未来で使っているものを先に手に入れることが、
スピリッチな世界を引き寄せるのに、とても有効だということがわかりますね。
豊かなスピリッチな世界であなたが持っているものは、

今のあなたからすると、もしかしたら高価なものかもしれないけれど、
でも、もし今それを使ったら、気分がスピリッチになると思いませんか？
エネルギーがスピリッチに爆上がりです！
こうやって、ものを使って理想の未来の自分と周波数を合わせるのって、
すごく簡単で手っ取り早い方法だと思います。
未来の自分が使っているものを〝今、使ってみる〟ことで、
あなたのワクワクエネルギーが、望んでいる未来と共鳴し、
どんどんスピリッチな未来が引き寄せられます！

ときめきを感じるものを常にそばに置くこと

「でも、まだ本当に必要じゃないのに、もったいない！」って
思う人もいるかもしれませんね。
でも、スピリッチな未来を先取りしたものって、ときめきを感じると思うんです。
ときめきを感じるものに囲まれていると、
もう毎瞬キュンキュンしますよね。

このときめきが、すご〜く高波動なんです！
だから、持っているだけで、その場にあるだけで、エネルギーが伝わって、無意識レベルでキュンキュンと波動が上がっちゃいます。
まさに、24時間自動で、スピリッチ引き寄せ体質になっていきます。
こちらから未来を先取りして、
未来のほうからもエネルギーが寄ってきて、
双方向からのエネルギー伝染で、スピリッチな世界が楽しく叶ってしまいます。
スピリッチな未来のあなたが着ているであろう服や靴でもいいし、
持っているであろう小物やバッグ、
理想のお部屋に飾るアートや雑貨もいいですね！
「まだ私にはふさわしくない」って思う気持ちもあるかもしれないけど、
そこには、たぶん〝心のブロック〟があります。
スピリッチ習慣⑤で紹介した「ぐちゃぐちゃワーク」などをやりながら、
「エイッ」と買って自分のものにすれば、きっとあなたの心が喜ぶはず！

買えないときは手書きでリストアップ！

もちろん、「どうしてもまだ買えない」と冷静に思えるときだってありますよね。
そんなときは、スピリッチな自分が買いたいものを探して、ネットショップなどの「欲しいものリスト」や「お気に入りリスト」に入れておくだけでも効果はあります！

でも、私のお勧めは「書く」ことです。

書くというのは、紙の上でペンを走らせるという複雑な動きなので、脳の複数の部分を同時に刺激します。

東北大学加齢医学研究所の研究によると、「手書きは、思考や創造性を担う脳の前頭前野を活性化する」とのこと。
創造性が活性化されるなんて、引き寄せパワーが増すということですよね！

私は「夢カナ手帳」というグッズを販売しています。
〝宇宙元旦〟といわれる春分から暦がスタートするので、そこから宇宙の流れに乗るための手帳なのですが、これを使っているかたから、夢や願いが叶った「夢カナ報告」をめっちゃたくさんいただきます。

夢や願いを手帳に書くことで、〝願いのエネルギー〟が〝予定のエネルギー〟になって、どんどんそれらが叶っていくんです。まさに、未来先取り手帳！

自分が気に入ったすてきな手帳を見つけて、欲しいもののリストや、お気に入りリストを書いてみましょう。

「スマホ入力じゃダメなの？」と思ったかた、いますよね？

パソコンやスマホでは前頭前野は働きづらいという実験結果が出たとのことですが……、でも、でも、安心してください！

実は私は文字を書くのが苦手で、いつもスマホのメモ機能で願いごとや欲しいものを書いていました（笑）。でも、願いはほとんど叶いました！

手書きのほうが圧倒的に効果は高いというエビデンスはあるようですが、あなた自身が、どちらを選択するかが大事です。

その選択が最も パワーを発揮する、とネオスピ的には考えます！

なんといっても重要なのは、

紙でもデジタルでも、〝ワクワクしながらやる〟という習慣をつけること。

スピリッチな未来をイメージするときも、

未来を先取りしてお買い物に行くときも、

欲しいもののリストを書くときも、とにかくワクワク、ウェイウェイしてくださいね。

このワクワクの周波数で、ワクワクな未来は引き寄せられます。

〝なんでもワクワクすること〟を習慣にして、ワクワク体質になっちゃいましょう。

未来にいる自分の感情を、たっぷり味わいながらやってくださいね。

ぜひ、スピリッチな未来の先取りも〝秒で〟やってね！（笑）

スピリッチ習慣

07

まとめ

〝欲しいものの先取り〟から望む未来を引き寄せる！
ワクワクしながらリストをつくろう！

Spi Rich
08
スピリッチ習慣

振る舞いを変える「未来セレブワーク」

前項の「未来を先取りする習慣」では、物質のエネルギーを活用しましたが、ものだけでなく、〝振る舞いのエネルギー〟も大いに活用できます。

望む未来に合わせた振る舞いによってエネルギーの周波数をチューニングし、スピリッチな世界を引き寄せるのです。

お金のかからない習慣として、ぜひこれも身につけてくださいね♡

目の前の現実は過去のエネルギーの産物

今の目の前の現実が、スピリッチではない状態ならば、

それは、過去のあなたが発したエネルギーでつくり上げられた現実です。

〝今は、過去の産物〟。
だから未来は、今からいくらでもスピリッチにつくり上げられるんです！
スピリッチな現実をつくりたいなら、
今、発するエネルギーが大事ということがおわかりいただけますよね？
ではどうしたら、今のエネルギーをスピリッチにしていけるでしょうか。
実はすごく簡単に、スピリッチエネルギーを出すことができるんです！
大切なのは、「姿勢」「振る舞い」「言葉使い」です。
スピリッチなあなたは、どんな姿勢で、どんな振る舞いで、
どんな言葉使いをしているでしょう？
スピリッチで、まるでセレブのような自分を思い浮かべて、
その姿をふだんの日常に取り入れて、習慣にしてください。
それが「未来セレブワーク」です。
姿勢や振る舞い、さらには装いを変えるだけで、
人間は意識、感覚、選択がガラリと変わります。
それが、エネルギーが変わったということなんです。

スーツや仕事用の制服に着替えると、ピシッと背すじが伸びて、気合いが入るような気がしませんか?

お祝いごとにお呼ばれしたときなど、ばっちりメイクですてきなワンピースを着たら、振る舞いや姿勢を意識するし、和服を着ても所作が変わりますよね。

逆に、パジャマを着て一日過ごすと、リラックスできますが、なんとなくダラダラしちゃいますよね(笑)。

私は、オンとオフの切り替えが大事だと思っているので、完全オフの超リラックスデーを満喫するために、あえてパジャマで一日じゅう過ごしたりもしますが、ぜひ、ふだんの振る舞いや装いを意識的にスピリッチに変えて、「未来セレブワーク」として実践してほしいです。

メイクや姿勢だけでもエネルギーが切り替わる

知り合いのある女性から聞いたのですが、彼女は会社で仕事をするときだけでなく、家で仕事をするときも、朝ちゃんとメイクをするんですって。

オンラインミーティングがなくても、
誰にも会わない日でも関係なく、
仕事に向き合う前、メイクをしてエネルギーを切り替えるそうです。
同じようなことを、スキージャンプのある女子選手も言っていました。
その人のメンタルトレーナーが、
ジャンプの前に、きちんとメイクをさせることにしたそうです。
そうすることによってスイッチが入り、エネルギーが切り替わったのでしょう。
彼女はメイクしてから飛ぶと大成功するようになったそうです！
メイクというのは、他者に美しく見せるためだけのものではなく、
時代や国を超えて儀式的な意味合いも持っていました。
衣装などの身なりや、姿勢も同じように大切ですよね。
このように、目に見えるわかりやすいところからスピリッチ習慣を取り入れると、
簡単に意識を変えることができるので、
すぐにでもスピリッチエネルギーを発することができます。
今すぐ鏡の前に行き、「未来セレブワーク」をやってみましょう。

スピリッチなあなた、セレブなあなたを演じてみてください。

どうですか？

まず姿勢が変わりませんか？

口角が少し上がりませんか？

ほら、意識が変わりますよね？

エネルギーは今すぐに変えることができ、その今のエネルギーで、未来のスピリッチがつくられていきます。

今この瞬間から、始めてみてくださいね。

こうした習慣をつくることで、スピリッチエネルギーが定着していきます。

私は、今から6年前。

「アカシックリーダーになりたい」と直感が突然降りてきて、

不思議なことも重なり、1カ月後にはアカシックリーダーになっていました。
アカシックリーダーになり、初めてのスピリチュアルセッションのとき、
「お客様にいいセッションができるだろうか？」と、すごく緊張しました。
でも、「こんな気持ちのままでセッションをしたら、お客様に失礼だ。
自分を信じて、宇宙を信じて、全身全霊で自信を持ってやらせていただこう！」
と強く思い、私は超一流のアカシックリーダーだという意識に切り替えました。
まさに今の美湖（当時から見れば未来の美湖）と変わらないエネルギーで
セッションをさせていただいたのです。
リーディングの学びは始めたばかりでしたが、
服装、姿勢、表情、言葉使い、振る舞い、告知文、お客様へのメッセージなどなど、
できる限り、超一流のアカシックリーダーという意識で行いました。
そのエネルギーのおかげか、新人アカシックリーダーでしたが、
1時間1万円で10名様のセッションは、すぐに満席で増席するほどに。
その後すぐに1時間3万円に金額を上げましたが、それも満席。
5万円、10万円以上と金額を上げても、

ありがたいことに毎回、常に満席をいただくことができました。

✦「心のコスプレ」をしてスピリッチな自分を演じよう

理想のスピリッチな自分を意識するのは、とても大事なことだと感じます。

例えばもし、最高に仕事ができる人だったら、

どんな服装で、どんなイスに座って、どんな姿勢でいるだろう。

どんな話し方をするだろう。どんな手の使い方をするだろう。

もし自分がみんなに愛されて、超モテモテだったら、

どんなスタイルで、どんな歩き方をするだろう。

どんな微笑み方をするだろう。どんな表情で話すだろう。

スピリッチもしかり。

あなたのなりたいスピリッチな人をイメージして、

姿勢、表情、言葉使い、振る舞い、装いなどなど

スピリッチな自分を演じることで、それを習慣づけて毎日過ごしてください。

自分自身のなりたいリッチイメージによって、

メイクや服装、ヘアスタイルや持ち物を変えるのと同時に、「心のコスプレ」もしちゃいましょう！


こんなふうに、日常の細かな部分をリッチに意識する習慣をつくることで、あなたが常に発するエネルギーが変わっていきます。

すると当然、24時間自動でスピリッチ引き寄せ体質になるというわけです。

私は駅の階段を降りるときも、
ドレスを着たお姫様が階段を静々と降りるような気持ちでいました（笑）。

こんなふうに日常を過ごすと、とっても楽しいですよ！

ここまでできると、どんどんスピリッチな現象が引き寄せられてくるので、もう今、この瞬間から始めてみましょうね。

✦雑誌やネットでリッチイメージを収集！

もし、理想のリッチな自分が思い浮かばないという場合は、
あなたの中にリッチなイメージが具体的にまだないだけ。

イメージという想像エネルギーは、
創造の原点になるような、とても大事なエネルギーです。

そこで、雑誌やインターネットでリッチなイメージを収集してみてください。

「こんな生活にあこがれるな〜」

「こんなリッチな体験してみたいな〜」

そう思うリッチイメージを片っ端から見つけてみてください。

そういうことを意識していると、
ときには、その豊かな誰かをうらやましく思うこともあるかもしれません。
そんなときは「うらやましすぎる……」「悔しい……」ではなくて、
「わ〜、すてき！　このリッチイメージ、いただき！」という
軽い気持ちでやってみましょう。
あなたが「うらやましい！」と感じるリッチな現実が誰かに起きていて、
それを今のあなたが目にするということは、
あなたにもその世界をつくるエネルギーが、そもそもあるからなのです。
なぜなら！

あなたの目の前には、あなたの周波数に合ったものしか現れないからです！
うらやましいなと思う世界の周波数は、必ずあなたの中にもあるんです。
これがエネルギーの法則です。
「いいな〜♡」と思ったものは絶対に、
あなたの世界にもつくり出すことができます！
もう迷いなく、ワクワクしながら、リッチな世界を思い描いて、
スピリッチエネルギーをビカビカ放つあなたで過ごしてくださいね♡

スピリッチ習慣
08
まとめ

「未来セレブワーク」は姿勢・振る舞い・言葉使いから！
創造の原点となるリッチなイメージを収集しよう！

第3章

お金の器を広げて
リッチエネルギー
自由自在

Spi Rich
09
スピリッチ習慣

安さで判断せずエネルギー値で選ぼう！

これをやり始めてから私のお金の巡りが、ものすごい勢いでよくなったというスピリッチ習慣があるので、ご紹介しますね。

ズバリ言ってしまいますが、それはお買い物をするとき、金額ではなく、そのときに感情のエネルギーが最も出るほうを選ぶということです。

〝値札ノールック〟です（笑）。

ふだん私たちは、なにかを買うときや外で食事をするときなど、たいていは事前に金額を見ますよね。

想像していたよりも安ければ、「お、買いだな」と思ったり、高ければ「やめておこう」と思ったり、金額で判断していませんか？

値段の安さだけで選ぶのは大問題！

例えば、「コーヒーが飲みたいな」と思ったときも、
目の前にスターバックスとコンビニの両方があったら、
本当はスタバに行きたいけど、
安いからコンビニのコーヒーにしておこうと選択するようなことは、
日常的にあると思います。
コンビニのコーヒーが悪いと言っているわけでは決してありません。
私は最近、コーヒーも飲むようになったのですが、
ファミリーマートのアイスカフェオレがクリーミーで、
すごくおいしくてびっくりしました。
缶コーヒーもおいしいですよね。
だから、コンビニのコーヒーのほうが好きだからといったこだわりや、
こっちを飲みたい気分だからと、味や気分で選ぶならＯＫです。

ただ、値段の安さだけで選んでしまうことが問題なのです。
宇宙の視点から見た場合、地球での体験としては、
どっちが良いとか悪いとかはありません。

「安くてうれしい！」というのも地球らしい感情体験ではあるのです。
……でも、あなたが豊かでスピリッチな世界を目指しているならば、
エネルギー的には、実はとてももったいないことをしているんです。

まず、選ぶ基準を金額が安いか高いかではなくて、
喜びのエネルギー値が高いか低いか、
リッチな気分を感じられるかどうかで
考えてみてください。

そして、喜びのエネルギーが出るほう、よりリッチな気分を感じるほうを買う、
という選択をしてみてほしいのです。

「めっちゃ、おいしい〜！」
「あぁ、豊かで幸せ〜！」
といった喜びのエネルギーが感じられるのは、どっちだろう？

そういう基準でお金を使ってみてください。

✦喜びやリッチをより多く感じるのはどっち？

ここまで何度もお伝えしていますが、
あなた自身のエネルギーで、スピリッチの引き寄せが起こります。
そして、そのエネルギーはあなたの感情によって変化します。
日々の暮らしの中で、喜びやリッチをより多く感じる選択をすることで、
エネルギーの量が増えるんです。
すると、引き寄せパワーも増大していきます。
すべての現実はエネルギーでつくられるので、
なによりもエネルギーが大事！
喜びのエネルギーが出て、感情のピークになれる状況は、
お金よりも、なにごとにも代えがたいんです！
だから私はいつも、お金を出すときの判断基準を
「自分の喜びのエネルギーがどれくらい出るか」に設定して、

感情のピークがより上に行く商品やサービスを選ぶようにしています。

私は新幹線での移動も多いのですが、たいていグリーン車に乗ります。
そのほうが、なんとなく落ち着くからです。
なんとなく落ち着くこともそうですし、
気分がいいと感じるところにもお金をかけます。
グリーン車やグランクラスなどは、スピリッチなかたが多い場所なので、
リッチなエネルギーの伝染も期待できます。
また、私はホテルステイが趣味ですが、
仕事でホテルに宿泊するときも、ビジネスホテルではなく、
ラグジュアリーホテルの高層階を選びます。
ラグジュアリーホテルのホスピタリティのよさには本当に感動しますし、
私にとって、これがエネルギーの出るポイントなので、お金をかけます。
仕事が終わり、ホテルのお部屋に帰ってきて、
高層階の夜景を見たら癒されます。

この瞬間にお金をかけるのです。

高層階の夜景が誰にとってもベストだと言っているわけではありません。

これは余談ですが、私が高層階の夜景が好きなのは、都会っぽくて、リッチっぽくてすてきという感覚ではありません。子どもの頃から都会育ちなので、都会の夜景を見ると、どこか郷愁を感じるというか、ノスタルジックな心の癒しがあるのです。

こんなふうに、自分の心地よさや気持ちよさで喜びのエネルギー値が高くなるなら、お金に糸目はつけません。

だって、それがなにものにも代えがたい、スピリッチなエネルギーだから！

引き寄せの視点で考えると、金額だけを判断基準にしてしまうのは、
逆にとても、もったいないことです。

「安くて得した」という感情を書き換える方法

「安くて得しちゃった！」と思うことってありますよね。
でも、その安くて得をしたという基準は、どこから来ていますか？
「損しなくて済んだ」というお金基準の場合が多いように思います。
それで得られる「安くて得をした」という感覚は、
「リッチな気分」でしょうか。
満たされたスピリッチな気分とは、ちょっと離れてしまうと思いませんか？
〝安くて得をしたという部分〟に喜びを感じるような習慣でいると、
〝安くて得をしたというエネルギー〟を発しているので、
〝安くて得をする体質〟になって、
「安くて得したという感情を得る現実」ばかりが生まれてきます。
つまり、いつも安いのがいい状態というのは、

自ら「お金に不足を感じる世界」を望んでいるのと同じことなんです。

でも、安くて得したという感情は、
けっこう私たちに刷り込まれてしまっている感覚ですよね。

こんなことを書きつつ……、
私も、スピリッチになった今も、安いとうれしいと思ってしまったり、
お店のサービスで値引きしてくださったりしたら、正直うれしいです（笑）。

お相手の好意でご馳走になるのも、とてもうれしいです。

だからそんなときは、

「お安く買えるなんて、宇宙さんからのプレゼントかな」

「サービスしていただいて、うれしいな」

「ご馳走していただいて、ありがたいな」

「私っていろいろ愛されてるな～」などと、

「安いからうれしい！」ではなくて、

「愛を受け取れてうれしい！」というほうに
フォーカスする習慣をつけてください。

それだけで、受け取るエネルギーや発するエネルギーが変わるので、
安くて得をする体質を改善する一歩になります。

また、実際にお金を支払うときに、
金額が高いほうを選ぼうとすると、心がざわざわするかたも多いと思います。
「いいのだろうか」「大丈夫だろうか」って。
私もわかります（笑）。
でも、お金をお支払いするときの、こうした感情はすごく大事です！
そんなときには、
「この差額分のお金で、私の人生が狂うだろうか？」と考えてみてください。
たいていは、そんなに影響のない場合が多いです。
こっちの高いほうを選んだからといって、
なにも怖いことは起きない場合が多い。
そう思うと、お支払いするときの感情が変わりませんか？
気分よくお支払いできるのではないでしょうか。

私は、これまでタクシーに乗るときは、家の前の大通りにまで出て、空車を見つけて乗っていました。

でも、コロナの影響でタクシーの運転手さんが減ってしまったらしく、なかなか空車が見つからないことがありました。

なので、それ以来、タクシーを自宅まで配車するようにしたのです。

配車に1回500円ですから、月に数千円かかりますが、「この数千円をケチることで、人生が狂うかな？」と考え、それ以来、毎回、配車するという習慣がつきました。

タクシーを待つ時間もいらないし、空車が見つからなかったら……という不安も減り、とってもストレスフリーになって仕事のパフォーマンスも上がりました。

自分にお金をかけるとそのエネルギーが現実に投影される

私はいつも、「自分にお金をかけてあげたい」とも思っています。

ちょっと想像してみてください。
例えば彼氏やパートナーが、セール品ばかりをくれたら、どう感じますか？（笑）
「これ、お得だったから買ってきたよ」は、たまにはうれしいですが、
あなたへのプレゼントが毎回セール品や、中古サイトで見つけた品など、
〝なんとか安く済まそうとしている感〟があったらどうでしょう。
もし、彼氏やパートナーから、
お金をかけてもらえていないと感じる場合は、
「私は自分にちゃんとお金をかけてあげられているかな？」と考えてみてください。
自分が自分をどう扱っているか。
そのエネルギーが自分の世界に投影されて、現実が生まれます。
だから、自分にしっかりとお金をかけてあげると、
お金をかけてもらえる現実が生まれます。
私にとってのグリーン車やラグジュアリーホテル、タクシーの配車などは、
スピリッチな自分にふさわしい環境を、
自分で与えてあげているんです。

✦ちょっとのリッチで喜びのエネルギーを出す！

とはいえ、なかなかそれができない場合もありますよね。

毎月の決まった収入の中でやりくりしないといけなかったり、

将来のことを考えると、やっぱり不安になってしまったり。

そういうときは、小さな金額のものから始めてみてください。

お茶やコーヒーを、インスタントではなくちょっと上質なものを丁寧に淹《い》れてみる、

ホテルのラウンジに行ってリッチな気分を感じてみる、

いつものトイレットペーパーをちょっと高級な柔らかいものにする、

ホテルで採用されているようなタオルを使う、などなど。

お金を出さなくても高級ホテルやロビー、ハイブランドのお店に入って、

その空間のリッチなエネルギーを味わってくるのもいいと思います。

いきなり高額なものを思いきって買わなくても、

今の生活の中で、小さい部分から少しずつグレードアップしてみましょう。

そうすることで、自分のエネルギー値もどんどん上がっていきますから、

お金の循環もよくなっていきます。

自分がなにを好きなのか、なにをしたら自分のリッチエネルギーが出るのか、たくさん試して、たくさん見つけていくといいと思います。

「なんでもいいからお金をかける」というのではなく、自分の喜びを感じて、喜びを知って、その喜びを基準にするということです。

自分の中の感覚を大切にする習慣をつけてくださいね♡

日本は本当にいい国で、ふだんの生活から500円や1000円上乗せするだけで、喜びのエネルギー値が上がる体験をすることができます。

シャンプーを少し高価なものに替えてみたり、お風呂のお湯をいつもよりいっぱい溜めてみたり、入浴剤に凝ったりするだけでも、リッチな気分になれますよね!

〝ちょっとリッチな〟世界を選択するようにすると、ちょっと上のスピリッチな世界を体感することができるので、エネルギーの枠が少しずつ広がっていくから、どんどんスピリッチな世界にシフトしていきます！
スピリチュアルって、見えないものを見ると思われがちですが、
本当は、もともとこの世界にすでにあって見えていなかったものが、
ただ自分に見えるようになるだけなんです。
そんな世界があるということを、あなたが「知ると決める」ことで、
道が見えてくるんです。

スピリッチ習慣

09

まとめ

自分で自分に少しずつお金をかけてあげよう！
安くて得したではなく
「愛を受け取れてうれしい」と考える！

【実践者の声】②

金額を見ずに、ときめきで買い物をする習慣をつけたら臨時収入が100万円超！（50代女性・Sさん）

私は、長年勤めていた市の相談員の仕事を退職した後は無職で、家族に養ってもらっていました。

そんな中、YouTubeで美湖ちゃんに出会い、ありのまま丸出しの美湖ちゃんのファンになり、「スピリッチアカデミー」に参加することにしました。

それまで私はスピリチュアルなことをよくわかっていませんでしたが、とにかく美湖ちゃんが言ったとおりに、スピリッチ習慣を全部やりました。

すぐに忘れてしまうので、メモを目につくところそこらじゅうに貼って、習慣化するようにしたのです。それは今でも続けています。

なかでも自分が一番たくさんやったのは、「金額ではなく、エネルギーの上がるもの、ときめくものを選ぶ」という習慣です。

でも、1万円を超えるものは心が動揺してしまいます。
ときめくものを見つけても、値段を知ると、どうしても躊躇《ちゅうちょ》してしまう……。
だから洋服などは、「すてき!」と思ったら値段は見ずに、
とりあえず試着してみました。
鏡に映った自分を見てときめいたら、値札は見ずにそのままレジに直行して、
お会計時に金額を知るということを習慣にしました。
すると、お金に対するブロックや枠が、どんどん外れていくのを実感できたのです。
同時に、自分の感覚を最も大切にするようになり、
「私はどうしたい?」と常に自分に問うようになりました。

思いきって買った着物がスピリッチを運んでくれた!

あるとき、美湖ちゃんが提唱する「ネオスピ」を通じて知り合った友人が、
「着物を見に行く」というので一緒に行きました。
世界的に有名な着物デザイナーさんのお店で、
お値段はちょっとした車のような金額です。

買うつもりはなかったのですが、試着は無料だしと、
とりあえず勧められた着物を着つけていただくと、
「私のためのお着物？」と思うほど似合ってしまったのです。
実は私は、両親が舞踊をやっていた影響で、
幼い頃から着物が大好きだったのですが、30年以上着ていませんでした。
まさにときめいてしまいましたが、さすがにそのままレジにとはいかず、
お値段を聞くと、一式で120万円！
これまで10万円のローンさえ組んだことはないし、
もちろん、こんな金額のものを買ったこともありません。
当時、1円も収入がない私が買えるはずもありません。
でも、「私はどうしたい？」と自分に聞くと、
「このご縁を逃したくない、絶対に欲しい！」と強く感じたのです。
美湖ちゃんの言葉を思い出して、今、湧き上がる感情を叶えようと、
「なんとかなる！」と言いながら、
なんと70回ローンで購入してしまいました（笑）。

そうしたら、なんと！

その3日後に私の母から、「生前贈与だから」と、お着物とほぼ同額のお小遣いをもらったんです！

まさにスピリッチの循環が起こったと思いました。

さらに、その後、友人から頼まれた仕事のお手伝いで50万円、100万円と臨時収入が入ってきました。

そして、そのお着物のご縁で、リッツカールトンでのアフターヌーンティお茶会などの優雅な集まりに参加する機会が増え、まさにつき合う人間関係が、スピリッチなかたがたへと変わっていきました。

そんな場所で出会った事業家さんたちからのアドバイスで、
なんと私が会社を立ち上げることになり、
20歳の頃からの夢だった「女性社長」になることができたのです!
臨時収入どころか、定期収入(毎月約10万円)が入るようにもなりました。
また、人前に出ていく機会が増えたことで、美容への意識にも目覚めていき、
一念発起してダイエットに挑戦。14kgの減量に成功しました。
そして、これまたご縁がつながって、着物のランウェイモデルとして
ショーに出演させていただきました。
今では、ダイエットアドバイザーとしての指導も始め、
トータルで100万円くらいの売上を上げています。

ケンカばかりだった夫が理想のパートナーに一変!

さらにうれしかったのは、主人と息子のことです。
主人とは、それまで口を開けばケンカになり、会話もできないほどでした。
ですが、私が「お願いスタンス」で本音を伝えるようになったら、

お互いに思いやりを持つことができるようになったのです。
結婚して30年ですが、私の理想のパートナーへと変化していき、
自分でも驚いています。
そして、心の病を持っていた息子も、アルバイト先で就職することになり、
人に頼りにされる喜びを実感しているようです。
そんな彼は、私にお誕生日のプレゼントをしてくれるようにもなりました。
私はただ美湖ちゃんが大好きで、
美湖ちゃんの言ったとおりにやっていただけなんです。
そうして気がついたら、スピリッチ習慣が身につき、
本当にスピリッチ引き寄せ体質になっていました。

Spi Rich

10

スピリッチ習慣

ふだん使いのものこそ上質&ときめきを!

「リッチで幸せ」という感情のエネルギー値を上げる習慣をつけることで、豊かなスピリッチの世界への引き寄せが起こってきます。

でもそれが、買い物やおでかけのときだけではなく、ふだんからいつも、豊かなエネルギーを出しまくっていられたらうれしいですよね。

日常的にスピリッチエネルギーを出しまくる習慣をつければ、高波動のエネルギーを発することになり、まさに24時間スピリッチ引き寄せ体質になってきます。

そんな「24時間引き寄せエネルギー発生装置」のような私のとっておきの方法をお伝えします。

それは、「ふだん使いのものこそリッチに！」ということ。
日常的な生活にスピリッチなものを取り入れるという習慣です。

しまい込んである高級なものを使ってみよう

スピリッチ習慣⑨で上質なシャンプーに替える例を出しましたが、
それ以外にも例えば、お客様用にと、すてきなティーカップや高級なお皿をしまい込んでいたりしませんか？
すてきなカップでコーヒーやお茶を飲むと、それだけでときめきますよね♡
でも、お客様用ということは、来客時にしか、ときめきエネルギーが出ません。
しかも来客時って、そのお客様に意識が向いていますから、
すてきなティーカップを使っているという
喜びのエネルギーの感覚すら半減というか、
感じないで終わってしまうことすらありませんか？
エネルギー的な側面でいうと、それって、とても、とても、もったいない！
「ときめくもの」「リッチなもの」こそ、日常的に使っていく習慣をつけてください。

もし、お家に高級なカップやお皿があるなら、
それを出し入れしやすい場所に移動して、ぜひ日常使いしましょう。
毎日、コーヒーを飲むたび、お皿を使うたびに、リッチな気分になるはずです。
日常的にリッチエネルギーが大放出され、
あなた自身がリッチエネルギー発生装置のようになっていきます。

デートやパーティーなど、なにか特別なイベント用にとお金をかけた
よそ行きのお洋服があるなら、タンスの肥やしにせずに、
ふだんから着てしまうのもお勧めです。
高級ブランドのバッグやジュエリーも、高価だからと、
とっておきのときだけとか、人に会うときだけに使っていたりしませんか？
それらを「自分のためだけ」に日常的に使っていくのです。

人生を一変させてくれたミンクのコート

私がまだYouTuberとしてデビューする前に、

ピンクのミンクのコートを30万円で買いました。

30万円のコートを買うのは本当にドキドキで、何度かお店に行って、やっと買う決断をして購入したという思い出があります。

生まれて初めての高額コートですが、もうお気に入りすぎて、私はこれでもかというくらい、日常的に着まくりました。

ちょっとコンビニに行くにも、リーズナブルな居酒屋に行くのにも、ピンクのミンクのコートを着ていきます。

だって、着るたびにキュンキュンするんですもの！


なんと、このコートを購入してすぐ後、ちょうど同じ金額の30万円のお仕事のオファーをいただきました。

勇気を出して購入したエネルギーのおかげで、自分の枠が大きくなったのです。

出したエネルギー以上のエネルギーが戻ってくることを実感します。

今では、30万円のお買い物に躊躇なくお支払いができるような、スピリッチな生活になりました。

このピンクのコートは今でも、まだまだキュンキュンしますし、
30万円の価値をはるかに超えるコートで、けっきょくはコスパ最高でした。
あのとき、勇気を出して購入して本当によかったと思っています。
このエピソードからも、
「とっておきのときだけ、喜びのリッチエネルギーが出る」のと、
「日常的に喜びのリッチエネルギーが出る」のでは、
エネルギー的な側面でいうと、圧倒的に日常使いしたほうがいいと思いませんか？
だって、このリッチな気分のエネルギーによって、
未来のスピリッチな現実がつくられるから！
家の中で誰にも見られないからと、着古したスウェットで過ごすのではなく、
少しお金をかけてでも喜びのリッチエネルギーが出るルームウェアを探して
いつも使ってみるというのも、すごくいいと思います。

✦財布とスマホケースを「リッチエネルギー発生装置」に！

そんな日常使いを考えたとき、

特に私がお勧めするのは、「スマホケースとお財布」です！

今は誰でも、スマホを一日に何回も何十回も手にしますよね？

そのスマホケースが、リッチでキュンキュンするものだったら、一日何回、リッチエネルギーを発生させることでしょう！

ハイブランドのスマホケースだと数万円しますが、使う頻度やエネルギー的に考えると、私はかなりコスパがいいと思っています。

また、スピリッチ引き寄せ体質を望むなら、お金や豊かさと共鳴する「お財布」もとても重要です。

お財布はリッチエネルギーとまさに直結しています！

お財布はお金やクレジットカードにエネルギーが伝染していきます。

だからボロボロのお財布を使っていると、そのくたびれたエネルギーが、あなたの経済に伝染していってしまうのです。

私自身、以前はお財布にさほど興味がありませんでした。

でも、〝お財布はお金のエネルギーを守り、リッチエネルギーを上げていくもの〟として、お財布をリッチに変えていくようにしたら、本当にどんどんお金が巡ってくるようになりました。

お金を出すときや、クレジットカードを出すとき、お財布に触れますよね？

このときに、肉体というエネルギーと、お金というリッチエネルギーが物理的に合わさります。

スピリッチな人生を歩んでいきたいなら、お財布はとても重要なアイテム。

あなたのリッチなエネルギーを満たしてくれるものを、ぜひ使ってくださいね。

そして、日常的といえば、ふだんの料理に使う食材や調味料にこだわるのも、毎食、リッチな気分になれるのでお勧めです。
高級な調味料を使うほど、なぜかお料理に気持ちがこもります（笑）。
気持ちがこもることで、そのお料理のエネルギーは確実に大きくなります。
お料理に時間や手間をかけると、気持ちも豊かになりますし、
そうしている人を見ると、豊かな生活しているなぁって感じませんか？
食事も毎日のことだから習慣化されやすいので、
ふだんからリッチな波動を上げておくことができるんです。
日常的に使うものは目にしたり、触れたりする機会がとても多いので、
無意識レベルでスピリッチエネルギーを上げていくことに一役買ってくれますよ。
「無意識レベル」というのがポイントです。
ふだん使いのものをリッチにするという習慣は、
まさに24時間自動でスピリッチ体質になるには必須なんです。

お金をためるよりも生活を豊かにするほうが重要

さて、一生懸命に節約して、銀行残高にお金があるから豊かなのかというと、

意外とそうでもないという好例を最後に1つ紹介します。
そこまでお金持ちではない、ある人のお話です。
その人はアンティークギターのすごく高価なものを買っていました。
その人が言うには、「お金よりも生活が豊かになることのほうが大事だ」
「銀行残高を確認してニヤニヤできるならいいけど、そんなことはしない」と。
それよりも大好きなギターに囲まれて、
ウキウキしながら生活するほうが楽しいからって言うんです。
それがアンティークのギターだったこともあり、
ギターの価値はどんどん上がっていったそうです。
きっと、ギターと出会いウキウキしながら購入したリッチエネルギーや、
そうやってご自身にかけたリッチエネルギーが循環しているのだと思います。

日常的にリッチエネルギーを上げるポイントは、たくさんあるんです!
やらないなんて、本当もったいないです。
一日何度でもときめくことって、とても大切です。

費用対効果で考えると、ふだん使いのものをスピリッチに変えることはとてもコスパがいいと覚えておいてくださいね。

いいお皿や、高級なバッグを使わないでとっておくなんて、エネルギー的には本当にもったいないですよ！

ふだんからどんどん使って、

リッチエネルギーをどんどん発生させる習慣をつくりましょう。

日常がキュンキュン楽しくなるし、最高じゃないですか？

「でも、そんなに高級なブランド品は持ってないし……」なんて不安に思わないでくださいね。

それほど高価なものでなくても、

自分にとって特別なものや、うれしいものを日常的に目につくよう、触れられるように増やしていく、という意識でいいのです。

そういうものが放つ豊かなエネルギーを体感することが大事です。

今できるところから、ふだん使いのものこそスピリッチに！

少しずつでいいので実践してみてくださいね。

大丈夫！　少しずつでも習慣にしていくと、
らせん階段を上るように、同じことを繰り返しているように見えて、
横から見ればすごく上昇しているはずです。
気づいたときには、びっくりするほど、
24時間スピリッチ引き寄せ体質になっていますよ♡

スピリッチ習慣
10
まとめ

高級なものこそ、
しまい込まず日常的にガンガン使うこと！
特に財布とスマホケースをランクアップする！

Spi Rich
11
スピリッチ習慣

金額の高さと波動の強さを意識する

これから紹介するお話は、
「えぇ〜〜、そうなの⁉」「なんかちょっとホントかな」と、
心がザワザワするかたもいるかもしれません。
前述したとおり、エネルギーには波動の「高さ」と「強さ」があります。
大好きでお気に入りのもの、気分が上がるもの、
金額に関係なくキュンキュンする〜と思って買ったものなどは、
「波動の高い」ものです。
今、世界で最も有名な日本人の一人といわれている「こんまり」さんこと、
近藤麻理恵さんは、「ときめくものだけを残していく」という

片づけ法を発信されています。

これは、まさに「波動の高いものだけを残していく」というお片づけ習慣で、とってもスピリッチですてきだと私は思っています。

波動の高さだけでなく波動の強さも重要！

では、一方の「波動が強くパワーのあるもの」とは、どんなものでしょう？
例えば、クリスタルやパワーストーンなどはそれぞれ固有のエネルギーが強く込められていますし、ほかにもいろいろありますが、
実は、「金額が高いもの」も強い波動を持ちます。
金額が高いだけでパワーがあるのです。
お金自体がエネルギーであり、パワーがあるものなので、
金額が高いものというのは、それだけのエネルギーやパワーが宿っています。
最初から人をだますつもりで高値をつけたものなどは論外ですが、
金額が高いものというのは、**そこにかけられた手間がありますよね。**
手間などの「想い」というのは、エネルギーが増えるので、

そのものに込められるパワーが高まります。
時間というコストもかかっていたり、付加価値もついてきたりします。
お金そのものがエネルギーの塊だから、
100円よりも1万円のほうが、1万円よりも100万円のほうが、
エネルギーのパワーは強いんです。
私たちは常に共振共鳴し、物質とも人ともお互いに影響を受け合っているので、
金額の高いもの、高価なものを持っていると、
それだけで自分の波動も強く上がってパワーがついてきます。
スピリッチな世界を創造していくときには、
波動の強さも非常に重要になっていきます。
私の友人で「エルメスのバーキンというバッグを持って出かけると、
守られている気がするから、大勢の人が集まる場所に持っていく」
という人がいます。
それは彼女が、高額なバーキンのエネルギーの
パワーを感じているからなのです。

また、ルイヴィトンが大好きな友人がいるのですが、
「このパワーにあやかろうと思って着ている」と言っていました（笑）。
彼女は1年ほど前からルイヴィトンを着まくるようになり、
「やっぱりお金が巡ってくるようになった」と話していました。

金額が高いものを身につけると、なにが変わるのか？

もしあなたが、商談や契約などなにか重要な話し合いに出向くときは、
洋服でも、時計でも、アクセサリーでも、バッグでも、
なんでもいいですし、一点でもいいので、
できるだけ金額の高いものを身につける習慣をつけてください。
そのものの持つエネルギーの強さが、あなたと共振共鳴して、
あなたの波動が強くなり、ものごとが思いどおりに進みやすくなります！
ものごとを自分の思いどおりに進ませるパワーを養っていくと、
リッチな世界を創造するパワーもついていきます。
一張羅の洋服を着たり、高価なジュエリーを身につけたりすると、

意識が変わるし、姿勢もシャンとなって、仕草も優雅になったりしますよね。それだけでも、放つエネルギーが変わっています。

地球の視点では、金額の高いものよりも安いもののほうが、なんとなくよくて、多くの人に選ばれがちだと思います。

「安くてお得で、ありがとう〜」という感覚です。

でも、エネルギー的には金額が安いと、そのぶんのエネルギーしかないのです。

私は「スピリッチアカデミー」の講座で、ネオスピ的な宇宙意識でのビジネスの仕方についても教えているのですが、

「エネルギーの観点でいえば、提供する商品やサービスの金額が安いと、その金額の分量のエネルギーしかお客様には循環されないので、金額を安くするというのは実は無慈悲な面があるのです」と伝えています。

ここまで聞いて、あなたがもし心がザワザワしたなら、お金に対してのなんらかのブロックがあるかもしれません。

ぜひぜひ、前述した「ぐちゃぐちゃワーク」や、後述する「潜在意識の書き換えワーク」をやってみてくださいね。

「お金を自分にかけてあげている」という意識を持とう!

金額が高いお支払いは、そのぶんのエネルギーが必ず自分に巡ってきます。

「誰かにお支払いしている」のではなく、「自分自身にお金のエネルギーをかけてあげている」んです。

この意識があるかないかは、大きな違いを生みます。

「自分にかけたお金」というスピリッチエネルギーは、必ずご自身にスピリッチに循環されてきますからね♡

例えば、「なにかの高額な講座やスクールに参加したけれど、全然よくなかった」という経験はありませんか？

「せっかく高いお金を払ったのに！」と思ってしまいがちですが、でも、それに参加しよう、このスキルを身につけようとワクワクしながら、自分にかけてあげたお金のエネルギーは、

その講座からではなく、別のところから循環してくる場合もあります。

エネルギーは必ず循環されるのです。

また、そう思うと気分も違いますよね？

この気分が違うということでも、あなたのエネルギーが変わります。

「あれは無駄だったな」なんてことは、決してないんです。

ぜひ、「お金を自分にかけてあげている」という意識の習慣を身につけていってくださいね。

さて、「波動の強さ」というのは、金額の高い低いだけではなく、私たち人間そのものにも当てはまる指標です。

例えばそれは、「自分の想いを通すパワー」や「意見を通す力」のように
ものごとを動かすパワーや、行動力、自分を信じる力が
波動の強さに影響を与えます。
「気」の強さともいえるかもしれません。
あなたの周りに、そんなに性格はよくないけれど、
どんどん自分の願いを叶えていく人っていませんか？
そのようなかたは「波動は高くないけど、波動が強い人」です（笑）。
特にスピリッチな世界を創造していくとき、
波動の強さはとても重要な要素なのです。

波動を強くするための最も効果的な方法

自分自身に波動の強さをつけていく最大の習慣は、
これまでたくさん伝えてきたとおり、
「自分の願いを〝自分で〟叶えていく」ということです。
この本に書かれていることを1つひとつ実践していくと、

自然とあなたの波動は強くなっていくので安心してください。

すぐに波動を強くする方法の1つとして、
「声を大きく出す」というものがあります。
人と話すときの声を、今よりも少しだけ大きくしてみてください。
もし、よく人に聞き返されることがあるなら、
少し声を大きくしてみましょう。
それだけでも波動が強くなって、パワーが増しますよ。
あなたの知っている、お金を稼ぐ人や成功している人を思い浮かべてみてください。
声が大きかったりしませんか？
大きくなくても、活舌がはっきりしていて力強かったりしませんか？
例えば会議などでも、声が大きいと圧を強く感じますが、
その人が自分の発言内容に自信を持っていることが周囲に伝わるので、
意見が通りやすかったりします。
それが〝波動の強さ〟です。

声の大きさは、意識やトレーニングで変えられますので、
ふだんの生活の中で少しずつ練習し、習慣にしていってくださいね。

スピリッチ習慣

11

まとめ

自分で自分の願いを叶えて波動を強くする！
金額の高いものを持ち、声を大きく出そう！

Spi Rich
12
スピリッチ習慣

敷居の高い場所に行き、器を大きくする

前項では、スピリッチになるには「波動の高さと強さ」が大事とお伝えしましたが、もう1つ重要なのが「波動の大きさ」です。

エネルギーの器の大きさともいえます。

私たちにはそれぞれ、エネルギーが入る器の大きさがあります。

その器の大きさに見合ったスピリッチエネルギーが入ってくるのです。

エネルギーの器といっても、
物理的に自分の体を大きくすればいいのではありません(笑)。

エネルギーの器は、意識の枠を広げることで大きくなります。

そして、スピリッチの意識の枠を広げる習慣としてお勧めなのが、

敷居をまたぐことです！

どんな敷居でしょうか？

そうです。ちょっと緊張するような、気後れしてしまいそうな、自分にとって敷居が高く感じられる場所に行ってみるのです。

例えば、ハイブランドのお店とか、高級ホテルやスパ、老舗旅館、フレンチレストランや料亭、会員制バーなどなど。

私も少しずつ敷居の高い場所に挑戦していって、少しずつその場に意識を慣らしていくことで習慣化し、スピリッチエネルギーの器を広げてきました。

✦予約の取れない高級エステで意識の枠が広がった

私がチャレンジした場所の1つに、有名起業家や芸能人が通う、なかなか予約の取れない高級エステがあります。

ゴージャスなそのエステに通っている、すてきなかたがたをSNSで見て、

「私も通えるようになりたい！」と強く思いました。

まず初めに、そのエステが開催していた「ファスティングプログラム」というイベントに申し込みをし、ご縁をつくりました。

そもそも私はエステそのものに通ったことがなかったので、その世界への敷居をとても高く感じていましたが、いざ行ってみると、とても丁寧で優しく接してくださり、一気に心がほぐれました。

自分の意識の枠がパカッと広がったのを感じました。

ちなみに最初は、金額的にもドキドキでした（笑）。

当然のことながら、そのエステは接客だけではなく技術もすばらしかったので、それ以来、4年間通い続けていて、それが私の日常的な習慣になっています。

スピリッチな意識がパカッと広がり、私のエネルギーの器が大きくなったことで、「ネオスピチャンネル」などのYouTube登録者数が合計10万人を突破しました。

さらには、「スピリッチアカデミー」の主宰をしたり、3冊の書籍を出版したりできるようにまでなりました。

最初は敷居がとても高かったそのエステも、
「顔から足のつま先まで全身一気にやってもらえるから、
時間節約だし、技術も最高だし、かえってコスパがいい」と感じています。

こんな話も聞いたことがあります。
ある新卒サラリーマンの青年が、
初めて会員制フレンチレストランに連れていってもらったそうです。
そこではグラスワインが一杯5000円。
「僕みたいな普通のサラリーマンなんて、このお店に来ますか？」
と、その新卒青年が聞いたところ、
「5000円のグラスワインを一杯だけ飲みに来られるお客様がおられました。
1杯だけそのワインを飲みながら、
いつかここでフルコースを食べられるようになりたいと話しておられましたが、
そのかたは、その後、どんどん身なりも変わってきて、
ご自身で事業を起こして経営者になり、

今は本当にフルコースのディナーに通ってくださるようになりました」
と、お店のオーナーが教えてくれたそうです。
そのオーナーは「お客様と一緒に成長できるお店で在りたい」と
おっしゃっていたそうです。
すてきなお話ですよね。フレンチのお店もすてき！

五感をフル活用してリッチエネルギーを浴びよう！

こんなふうに、自分の意識の枠が外れて器が広がるような体験を
ぜひ、してみてほしいのです。
ちょっと気後れして緊張するぐらいの場所に行ってみると、
意識のブロックが外れるのが早いです。
そして、そうした場に何度か行くことで必ず慣れていき、
エネルギーの器が大きくなり、スピリッチ体質に変化していきます。
その器の大きさに見合ったスピリッチなエネルギーが入ってくることで、
現実がリッチになっていくのを少しずつ感じてくると思います。

私が開催しているオンラインサロンなどでは、
リッチな体験でエネルギーの器を大きく広げてもらうきっかけになればと、
少し高めのレストランでオフ会のパーティーをしたり、
スイートルームでの瞑想会を開催したりしています。
いきなり高級フレンチレストランに行くのは、
ちょっと敷居が高すぎると躊躇してしまう人もいるかもしれません。
そんな場合は、スピリッチ習慣⑨でもお伝えしたように、
最初は高級ホテルのロビーやラウンジからリッチ体験してみましょう。
まずは、装いを整えてホテルのロビーから始めてみる。
そして次は、ラウンジで一杯のコーヒーを頼んでみる。
高級なラグジュアリーホテルのロビーには、たいてい、
すばらしい装花のモーメントがあります。すごくいい香りもします（笑）。
五感をフル活用してスピリッチエネルギーを浴びるには最適な場所です。
私は、あるホテルの香りが大好きで、

その香りを自宅のルームフレグランスにしています。

また、ハイブランドのショップも、買わなくていいので、とにかくお店に入ってみる。

「なにをお探しですか？」って言われたら、笑顔で「ありがとうございます」と適当に会釈すれば大丈夫です（笑）。

もし、いきなりハイブランドは知識がなさすぎて、ちょっと怖いと思ったら、事前に公式サイトで、そのブランドの今シーズンのラインナップなどを調べていくのもいいかもしれません。

すると少し緊張も減りませんか？

たとえハイブランドであっても、意外と

「あ、これなら買えるかも！」という商品があったりもします。

実は、そもそも〝知らない〟ということ自体が一番のブロックだったりするのですよね。

皆さんのこれまでの経験でも、

「知ってみれば、意外に……」ということ、多くないですか？

だから少し勇気を出して、ちょっと気後れするような敷居を乗り越えるスピリッチ体験をしてみてください。

そして、そのスピリッチ体験を「何度もする」ということを意識してください。

もう一回行ってみる、またもう一回行ってみる、
と続けているうちに慣れてきて、習慣化とまではいかなくても、そこに足を踏み入れることに抵抗がなくなってきます。

抵抗がなくなったということは、
エネルギーの器が大きくなって、体質が改善された証です。

そして、フレンチレストランに慣れてきたら三ツ星フレンチに行ってみる、
和食割烹《かっぽう》に慣れたら料亭に行ってみるなど、

あなたの敷居の高さを少しずつ上げていきましょう。

どんなに敷居が高くても3回行けばエネルギーが同調する

「気後れする」「敷居が高く感じる」という原因は、
あなたが、その場所や人に対して、
スピリッチエネルギーの波動の高さや強さ、大きさをビンビン感じているから。
慣れて普通になってきたということは、
そのスピリッチエネルギーとあなたのエネルギーが同調し、
なじんでいるということなのです。まさに習慣化と同じことです。
エネルギーの周波数が合ったということは、
スピリッチな引き寄せが起きるということなんです。
ちなみにこの原則は、スピリッチな世界だけでなく、
どんな世界においてもいえることです。

「やりたいことをやる」ということに近いと思うのですが、

例えば、初めてライブハウスに行くときは、
すごくドキドキして緊張していたけれど、
何度も行くと、それが普通の感覚になってきて、
気づいたら、自分もステージで歌いたくなったりして、
そのうち気づいたら、ステージで歌っている……なんてこともあるかもしれません。

私の高級エステ通いも、
最初は通っている人を外から見てあこがれていましたが、
今では「美湖ちゃんが行っているから、私もあのエステに一度行ってみたい」と
言ってくださるかたがたくさんいるくらい、
私の現実も豊かな世界になりました。

あなたの叶えたい、スピリッチな未来を思い描いて、
その場所に勇気を出して行ってみましょう！
たいてい、3回行くと慣れます（笑）。

これが一番手っ取り早くスピリッチエネルギーの器を大きくする方法です。
まずは、あなたにとって、なにが敷居が高いのかを考えてみてください。

そこに、あなたのなりたいスピリッチな未来があるかもしれません。

元に戻らないために間を置かずに複数回チャレンジ！

さて、最後に上級編として、

「敷居の高いお店の常連になる2つのコツ」をお伝えしますね。

1つ目のコツは、「短期間でたくさん行く」ことです。

1週間に3回も来たお客様のことは、

お店の人はかなり覚えていると思いませんか？

日にちを空けると、人間の「ホメオスタシス機能」が働いてしまいます。

ホメオスタシスとは、私たちすべてに備わっている恒常性維持機能のことです。

命を維持するためには、環境の変化に左右されず、

安定した状態を保たなくてはなりませんよね。

つまり、「通常に戻ろうとする」ことが必要です。

外気温にかかわらず、体温はだいたい36℃程度に保たれていますよね。

傷ができたら、体内に異物や細菌がない状態を保とうとするので自然と治ります。

実は、私たちの「気後れや怖い」という感覚は、生命維持のホメオスタシス機能によるものなんです。

だから、勇気を出して敷居をまたいでも、日が空きすぎてしまうと、ホメオスタシス機能も作動してしまうので、次にまた億劫《おっくう》になったり、行くときにドキドキしたりしてしまいます。

なので、敷居の高いお店には間を空けずに何度も行きましょう。

2つ目のコツは、「ちょっと一杯で勢いをつける」ことです。

初めて敷居の高いところに行くときって、

「エイヤッ」って感じの勢いが欲しいですよね。

そのために私が実際にやったのは、「お酒」です（笑）。

もちろん、これはアルコールが飲めるかた限定ですが、とても効果的です。

実は私は、スタバにも一人で行けませんでした。

これはスピリッチな敷居が高かったというよりも、

「注文方法がよくわからないから、ドギマギしちゃうかも……」

という不安感が原因でした。
なので最初だけ、ちょっと一杯軽くお酒を飲んで、その勢いで行ってみました。
もちろん今では、アルコールの力を借りなくても
普通に行けるようになりました（笑）。

こんなふうに、自分なりにいろいろと工夫しながら
スピリッチな場所だけでなく、
いろいろな敷居の高さを乗り越えていくと、
どんどん自分の意識が広がり、
どんどんエネルギーの器が大きくなって、
どんどん豊かなエネルギーが入ってきて、
24時間スピリッチ引き寄せ体質になっていくわけです！
そのうち、次から次へと「敷居を越える」こと自体に慣れてきて、
すごい世界になっちゃいますよ～。
まさにスピリッチ体質改善！

そうなったら、もうドキドキする気後れが感じられなくなるので、
ある意味、「今しかないドキドキ」も楽しんでみてくださいね♡

スピリッチ習慣

12

まとめ

気後れするような敷居の高い場所に行ってみる！
時間を空けずに何度も行くことが大事！

【実践者の声】③

三子を連れたDV離婚からスピリッチに！
自由と自立を得て年商1000万円になった！（30代女性・Cさん）

私は元夫のDVから逃げるように、
5歳、3歳、2歳と3人の子どもを抱えて離婚しました。
そして存在を消すために、シェルター施設にかくまってもらっていました。
なんとか見つけた仕事もコロナの影響で思うようにいかず、
収入は0円の状態が続きました。
母子手当と、なんとか送られてくる養育費で暮らしていましたが、
「どうにかしないと！」と、
自分にできることはないかをいろいろ探している中で、
美湖さんのことを知りました。
見た瞬間、「この人だ！」と直感が働き、
美湖さんのアカシックリーダー養成講座を受講したのです。

そうして、アカシックリーダーとして独立。
もちろん最初は誰もが初心者ですよね。
アカシックリーディングのセッションを始めた頃の月収は5000円。
そこで、美湖さんから教わったスピリッチ習慣の1つである
「未来の先取り」を実践しました。
「アカシックリーダーとして成功している自分」をイメージして、
洋服を買ったり、姿勢や言葉使いなどの振る舞いを
スピリッチな自分に変えたりしていったところ、
翌月には一気に月商30万円になったのです！

お金を使うことの葛藤を乗り越えて人生が一変！

昔はフリマで1着1000円の服を買っていましたが、
1万円、2万円と購入する金額を上げていきました。
「お金がなくなるんじゃないか」という不安や、
「自分がこんなに使っちゃっていいのかな？」という葛藤がありましたが、

スピリッチ習慣を思い出し、ときめきを大事に「エイッ」と勇気を出していくたびに、「おしゃれって楽しいんだ！」「こんな洋服も私は似合うんだ！」と、自分の心がウキウキワクワクして、どんどん豊かになっていきました。

子どもたちにも、「3人で分けて食べようね」といつも1つしか買わなかったクレープを、一人1つずつ買ってあげられるようになりました。

無駄遣いになるからと、絶対にやらせなかったクレーンゲームも、思いきりさせてあげました。

経済的なことだけではなく、私も一緒に子どもたちとの今を楽しみ、遊べる心の余裕が生まれたからだと思います。

秒で動く習慣をつけたらチャンスやチャレンジが増えた

それからは、さらに「敷居の高いところに行こう」と、

大阪どころか地元からもほとんど出たこともなかった私が、一人で東京へ。

新幹線やホテルを予約することすら、

私にとってはものすごく敷居が高かったです。

でも、〝秒で動く〟習慣をつけ、高級なところに行き、

会いたい人に会いに行き、

気がつけば、月1ペースで東京へ行けるようになりました。

お客様とのアカシックセッションも、

高級ホテルのラウンジを使うようにしました。

最初は、「こんな私が使ってもいいのかしら？

私には場違いじゃないかしら？」とビクビク感じていました。

でも、一回行ったら慣れて、あんなに怖かったのに余裕になってきて（笑）。

なんと、去年の息子の誕生日には、
一泊10万円のスイートルームに、堂々と宿泊できるようにさえなりました。
また、お仕事でもチャンスやチャレンジが増え、
「100人セッション」は一日で満席に！
年商は1000万円を超えるようになりました！
シェルター施設に身を隠し、収入0円だったこの私が、です。

子どもや両親、元夫との関係まで改善！

私が自由に動くことによって、子どもたちの自由度も上がったのか、
昔は「自分の好きなものがわからない」と
自信がなさげで自己主張できなかった娘が、
「推しのグッズが欲しい！」と言ってくれるようになりました。
好きなものを好きと言える、好きを探求できている子どもの姿を見るのは、
親としてとてもうれしい気持ちです。
また、実家との関係も改善していきました。

きっかけは、私の外出が増えたことで、距離を置いていた両親に子どもたちのめんどうを頼まざるをえなくなったことです。

美湖さんに初めて会ったとき、

「お留守番しているお子さんや、子守りをしてくれているご家族にもよろしくね」

という言葉をいただいて感動した私は、
支えてくれている両親への感謝が増しました。

口下手だった私が、「ありがとう！　めっちゃ助かったよ！」と素直に伝えられるようになり、自然と親子関係がよくなっていきました。

両親もとても喜び、孫との時間を楽しんでくれています。

そして今年。

あんなに怖かった元夫と連絡を取ることができました。

美湖さんがYouTubeで言った「手放し」という言葉にハッとしたからです。

考えてみたら私は、「誰かに幸せにしてほしい」という依存心が強かったのかもしれません。

でも今、スピリッチ習慣を身につけたおかげで、

「自分で自分の幸せを叶える」ということを実行できたからこそ、
元夫に連絡ができたんだと思います。
元夫に彼女ができていたことを心から祝福できた自分がうれしかったです。
美湖さんと出会い、スピリッチ習慣を実践したことで、
私の人生は激変しました。
たった3年ですべてがよくなりました。
今では、アカシックリーディングや「ネオスピ」を通じて知り合った、
私自身のお客様たちも、みなさん幸せになって、
スピリッチの輪がどんどん広がっていることを実感しています。

第4章

宇宙を全信頼することで真のスピリッチになる

Spi Rich
13
スピリッチ習慣

究極的には「ラブ♡スピリッチ」を目指す

お金が増えてスピリッチな世界になっても、
例えばパートナーとの関係、親子関係、職場での人間関係が
ハッピーでなかったら、決して心から幸せとは言えないですよね。
今、始まっているネオスピ時代は、
お金か、愛かではなく、「どっちも!」と本音で望むことで、
愛もお金も豊かな「ラブスピリッチ」な世界が叶うようになっています。
この本では、冒頭からスピリッチの〝リッチ〟に特化してお伝えしていますが、
実は〝ラブ〟も私の得意分野!

これまで、パートナーシップ講座では90％以上のかたが
「愛されること」を実感されました。
人気の婚活塾の講師をしていたこともあります。
この項目では、新時代の宇宙的なネオスピの視点からの
豊かな人間関係、ネオスピ的パートナーシップを手に入れる
「ラブスピリッチな習慣」についてお話しします。

本音を伝えると、すべての人間関係が改善する

結論からズバリ言うと、ラブスピリッチな世界をつくるためには、

〝自分の本音を伝える〟ということが最重要です！

みなさんはこれまでの家庭、教育、社会の常識の中で
「わがままを言ってはいけない」

「遠慮をすることが大事」

「本音を言うと嫌われてしまう」

「自分が我慢すればいい」

そんなふうに思ってしまい、自分の本音を伝えられなくなっていませんか？
今、ネオスピを提唱している私も、実は昔は本音を言うのが苦手でした。
私には弟がいます。幼い頃、両親がいないことが多かったので
私と弟の2人で過ごすことが多く、
「私がお姉ちゃんだから、しっかりしなきゃ」と常々思っていたため、
本音でのお願いや、誰かに頼るということが、ものすごく苦手でした。
きっと第一子には、こういうかたが多いですよね？
そんな私でしたが、パートナーシップを学び、
スピリチュアルの本質を探究する中で、本音がなにより大事と知りました。
それからは、必死で勇気を出して本音を伝えるようにしました。
最初は、伝えたいことをメモに書き、
「ねぇねぇ」から始めました。
なぜなら、「ねぇねぇ」と言うと、相手が「なに？」と答えるので、
その後の本題である本音を言わざるをえない状況になるからです（笑）。
でも、そうして本音を伝えていくと、

パートナーとの関係や、家族、子どもとの人間関係が激変していったのです。
元彼は、なんでも叶えてくれて、愛してくれるようになり、
元旦那さんは、いつも支えてくれる家族になり、
父とも長年のわだかまりが解消してお互いが優しくなりました。
中2くんも、頼りになるお兄ちゃんのようです(笑)。
母とはもともと仲がよくて、
本音をかなり言えていたので特に関係性の変化はないですが、
それ以外の周囲の変化には母も本当に驚いています。

「お願いスタンス」で本音を伝えよう

本音を伝えるときの最大のポイントは、お願いスタンスで伝えるということ。

家族やパートナーや子ども、親しい関係や職場の人に対しても、

「やってくれてあたりまえ」

「正論だからやるのは当然」みたいな感覚がありますが、
宇宙意識から見ると、どんな関係においても

「やってあたりまえ」ということは、いっさいないと思いませんか？

また、宇宙には「良いも悪いもない」し、「オールＯＫ！」なので、そもそも「正論」が存在しません。

あくまで〝あなたにとっての正論〟〝あなたが正しいと思うこと〟というだけです。

なので私は、本音を伝えるときは、お願いスタンスで伝えています。

お願いされるという本音のエネルギーは、相手にとっても心地よく届いていきます。

ちょっと想像してみてください。

「やってあたりまえでしょ」という感覚でこられるのと、お願いスタンスで伝えられるのとでは、受け取り方や、「やってあげよう」という気持ちに違いが生じませんか？


また、本音を言わないことによる弊害があります。

自分が本音を言えないぶん、つい相手の顔色ばかりをうかがったり、逆に、相手が自分の気持ちを察してくれるのを期待してしまったりするのです。

特にパートナーや家族、子どもなどに対しては、

「察してよ！」「言わなくても普通はわかるでしょ？」という〝察してコミュニケーション〟を求めてしまいます。

私も〝察してちゃん〟でした（笑）。

でも、私の気持ちや私の本音は、〝私にしか〟わかりません。

あなたの気持ちや、あなたの本音も、あなたにしかわからないんです。

いいえ、自分の本音は、自分自身でもわからないかもしれません。

そんな「あなたの本音」を相手が汲み取ったり、察したりするって、無理な話だと思いませんか？

言わなくても相手がわかってくれる世界は楽かもしれませんし、
これからの新時代のネオスピな世界では、
テレパシーなどで伝わりやすくなる時代になっていきます。
でも、今はまだまだ、新時代への移行期です。
そして、ここは地球です。
言語を通してのコミュニケーションやプロセスを楽しむフィールド。
言葉は、自分の本音を相手や世界に伝えるための便利なツールです。
地球で人間として生きる私たちにとっては、
「〇〇してくれたらうれしい」と言葉で伝えることが
地球のルールと言ってもいいかもしれませんね。

人間関係での否定やジャッジの癖をなくす

家族やプライベートな関係だけでなく、職場や組織などのコミュニティでも
よく気がつく人、言われなくてもできる人が優秀、という
価値観があったりしますよね。

例えば、経営者の立場だったら、「報酬を払っているのだから、細かく言わなくても仕事を完璧にこなしてもらってあたりまえ」。

例えば、お客さんの立場だったら、「お金を払っているのだから、お願いしなくてもサービスや気遣いでやってもらってあたりまえ」。

そんな価値観はありませんか？

それらを期待されて、実際にできるならば、すばらしいことだとも思います。

でも、そればかりに意識を置いていたら、気を張りすぎて少し疲れちゃうかもしれません。

だから、できるときや、できる人はそうしたらいいし、できないときや、できない人は「本音を伝え合う」ということが自然にできるような世界だったらどうかな？　と私は思います。

宇宙には〝どちらが優れている〟という概念がないので、新時代のネオスピ的にも、ラブスピリッチの世界においても「良い」「悪い」ではないのです。

だから、もしなにか望まない出来事が起きたとしても、どちらかが悪いということはありません。
批判したり、お互いを責め合ったりするのではなくて、
「次からは、こうしてくれたらうれしいな」と伝え合えばいいと思いませんか？
宇宙には、良い・悪いというジャッジがないので
相手を「ダメ」と決めつける権利は誰にもありませんよね。
これからのネオスピの時代は、
そうした否定やジャッジの癖を外していくことが大切です。
これが「生きやすくなるコツ」でもあります。

本音を伝えることは最高に自分を愛する行為！

多くの人間の中で生きていると、意見が合わないこともあります。

というか、合わないことのほうが多いかもしれません！

でも、「それは間違っている！」ではなく、

「あの人はこういう価値観なんだな」「そういう考え方なんだな」と受け止めて、

「私とは考えが違うのね。けど、こんなときは、こうしてくれたら私はうれしいな」

とお願いして、

「あなたはどう思う？」と相手の意見も聞いてみましょう。

そして、お互いの本音をすり合わせて新しい選択肢を考えていく――。

あなたが相手の価値観に合わせる必要はないし、

相手があなたの要望どおりにしないといけないこともありません。

その後、相手がそのように行動するか、しないかは〝相手の問題〟です。

……と、ここまで聞くと、

「なんだか寂しい世界？」「相手が叶えてくれなかったらどうしよう？」

と思ったかた、大丈夫です、安心してください！

これまでもお伝えしてきましたね。

あなたの現実は、「自分が自分をどう扱っているか」が投影された世界です。

実は、自分の本音を伝えるというのは、最高に自分を愛する行為なのです。

自分から湧き上がる本音を、

勇気を出して相手に伝えるということは、

めちゃくちゃ自分を大事にしていて、

めちゃくちゃ自分を愛することだと思いませんか？
自分を愛する行動をしていくと、それが投影されて、
あなた自身に必ず愛が還っていき、
「愛される」という現実が起こります。

あなたの本音は、実は大宇宙から発せられている

これまでも書きましたが、さらに深い視点でいうと
あなたの本音は、あなた自身が湧かせているのではなく、
大宇宙の全体の調和の世界から発せられているものなのです。
なぜなら、
自分の内側
＝
小宇宙
＝
大宇宙

だからです！

本音を言うことは、大宇宙からの思いを伝える、すばらしい行動なのです。

わがままに思えるような本音も、

大宇宙の調和の世界からやってきています。

本音、つまり、あなたの〝本当の音〟。

それを響かせるとき、あなた本来の音色が調律され、奏でられて、

その音が宇宙の調和の世界に響き渡って、

最高のハーモニーが生まれます。

逆に言えば、あなたが本当の音を奏でないと、

不協和音になってしまうと思いませんか？

本音を伝えるという行為は

宇宙全体の調和を生む行為そのもの。

だから、大宇宙からの思いを叶えようと〝伝える〟行動をしていったら、

いったいどうなると思いますか？

大宇宙が最大限に、あなたを応援してくれるんです！
無限の宇宙の豊かさの大きな流れの中で、
ラブスピリッチな現実が起こってくると思いませんか？
「本音を伝える」というのは、それぐらいものすごいことなんです！

感情をぶつけることが本音を伝えることではない

では最後に、

「本音」ってなんでしょうか⁉

実は、ここが大事な最重要ポイントです！

本音とは、「○○が嫌だった！」「○○が悲しいの！」

という感情では決してありません。

感情のその奥にある、

「○○が嫌だった、だから○○してほしい」

「○○は悲しいの、だから○○してほしい」

という「○○してほしい」の部分が本音になります！

本音を伝えるとは、言いたいことをガンガン口にすることではありません。

感情をぶつけることが決して本音を伝えることではないので、それはじゅうぶん気をつけてくださいね。

感情は相手にぶつけるものではなく、自分で感じ、解放するものです。

これも意識して習慣づけることがとても大切で、他者を巻き添えにしなくても、自分でエネルギーを解放できるようになります!

本音とは「どうしてほしいか?」の行動の部分です。

「私、○○は悲しいの。だから○○してくれたらうれしい。あなたはどう思う?」

このパターンに当てはめてください。

「〇〇してくれたらうれしい」の〇〇部分を、具体的に行動レベルで伝えることが大切です。

前述のとおり、〝お願いスタンス〟で伝える習慣をつけていきましょう！

そしてもちろん、相手があなたの願いを叶えてくれたら、「ありがとう！」をたくさん伝えてくださいね♡

それを繰り返すことで、びっくりするくらいのラブスピリッチな毎日が訪れますよ！

スピリッチ習慣
13
まとめ

あなたの本音をお願いスタンスで伝えることで
自分を愛して「ラブ♡スピリッチの世界」へ！

Spi Rich

14

スピリッチ習慣

お金やお金持ちに対する潜在意識を書き換える

あなたは、お金持ちという言葉や、お金をたくさん稼ぐと聞いた瞬間、どんな気持ちになるでしょうか。

・なんかいい人じゃなさそう？
・裏では悪いことをしてそう？
・お金に汚そう？
・なんか忙しそう？
・家庭を大事にしてなさそう？

こんなふうに、なんとなくネガティブな感情を持った人はいますか？

実は世の中の多くの人が

「お金持ちになりたい」
「セレブみたいに優雅な生活がしたい」
「仕事で成功してお金をたくさん稼ぎたい」
と思いながらも、
実は自分でも気づかない心の底では、
お金持ちは嫌な人とか、お金をたくさん稼ぐのは大変とか、
お金持ちになるのは悪いことのように思っていたりします。
あなたはどうですか？
実は、私はそう思っていました。
お金を稼ぐのは苦労もあって大変だし、
危ないことや、悪いことに手を染めることもあるかもしれないし、
人を狂わせるお金は汚いもので、お金持ちは欲張り！
なんてね。
でも、それって真実でしょうか？
それとも、単なる妄想でしょうか？

潜在意識でお金やお金持ちを嫌悪していない？

スピリッチ習慣⑤では、

ご自身に対するスピリッチの心のブロックについてお話ししましたが、

実は私たちが、なかなかスピリッチになれない原因に、

お金そのものや、お金持ちに対する心のブロックが関係している場合も多いのです。

そうしたお金に対する心のブロックが潜在意識にあると、

絶対にお金持ちにはなりません！

ではまず、潜在意識の話をしますね。

私たちの意識は、顕在意識が約5％、潜在意識が約95％の割合といわれ、

潜在意識で思っていることが現実に現れます。

潜在意識は自分の意識にはのぼってこないので、

「思う」という表現に違和感があるかもしれませんね。

しかし、その潜在意識にあること（思っていること）が、

現実世界で叶っていくといわれているのです。
そして、人間は根本的に悪い人にはなりたくありません。
そして、生きていくために危ないこともしたくないのです。
だからもし、あなたが「お金」や「お金持ち」に対して
ネガティブなイメージを持っていたとすると、
「悪い人にならないようにしよう」「危ないこともしないようにしよう」
という潜在意識が働き、
「お金はそこまで必要ない」「お金持ちになりたくない」
という現実を呼ぶ行動を、無意識で取るようになります。
その行動や意識が発するエネルギーによって、
〝逆スピリッチ引き寄せ体質〟になってしまっている場合が多いのです。
特に日本では、アニメやドラマの中でも、
お金持ち＝よくない人、貧乏＝いい人、のような
安直でわかりやすい価値観が表現され、
それが幼少期から染み込んでしまっている人も多いものです。

例えば、『ドラえもん』。
お金持ちのスネ夫くんは「ちょっとズルくて嫌味なキャラ」ですよね？
ドラえもんは日本だけでなく、海外でも人気ですが、
なんと「教育上よくないから」という理由で、
ドラえもんを放送しない国もあると聞いたことがあります。
あなたがどんなに「私は豊か」「お金はある」と思おうとしても、
そう思っているのがたった5％の顕在意識だけだったとしたら、
スピリッチは叶いづらいのです。
だからまずは、95％の潜在意識がなにを思っているかを知り、
あなたの望むスピリッチを
潜在意識に新たに刷り込みしていくことが必要なのです。
この刷り込みにも習慣が大切です！

お金のポジティブな面に徹底的にフォーカスしよう！

ここで、お金やお金持ちが本当に悪いものなのかを確認してみましょう。

・あなたの知っているお金持ちの中で、悪い人は誰でしょうか？
・あなたの知っているお金持ちの中に、いい人はいませんか？
・人の役に立ちながらお金を稼ぐ方法は、存在しないのでしょうか？
・お金があることで誰かに助けられた経験や、逆に助けた経験はありませんか？
こんなふうに、いろいろな角度から冷静に1つずつ確認していきます。
そして、お金も、お金持ちも、そんなに悪いものではなかった！
というポジティブな面を見つけてみてください。

「お金持ちにも、いい人がたくさんいる」
「お金でできる、良いことがたくさんある」などという
ポジティブな面にフォーカスしていきます。
脳は、フォーカスしている時間が長いほうを意識的に選択するようになります。
そうして、それが潜在意識に刷り込まれていくのです。
だから、ふだんの生活の中で、お金に対するネガティブな反応が出たときに、
ポジティブな面に〝秒で〟フォーカスするのを習慣にしてみてくださいね。
「お金って、すばらしい」と自然に思えるようになってきて、

お金に対する潜在意識が上書きされるので、
「お金持ちはすばらしい」「豊かなことはいいことだ」と
自然と意識が変わってきます。
すると、あなたのふだんの行動や選択の1つひとつが変わってきますので、
その発するエネルギーによって
「スピリッチ引き寄せ体質」になっていきます！

「潜在意識の書き換えワーク」で奇跡を起こそう！

ではここで、「潜在意識の書き換えワーク」を一緒にやってみましょう。
私の「潜在意識の書き換えワーク」は、
YouTubeで紹介すると、ライブ配信とアーカイブ合わせて
毎回2万人ほどが参加する大人気のワークです。
参加者さんからは「潜在意識が変わって現実が変わった！」というお声を、
たくさんいただいています。
YouTubeでもお話ししたのですが、

私自身、この「潜在意識の書き換えワーク」をやった次の日、
望んでいた展開が起きて奇跡のように、一気に流れが良い方向に進んでいきました。
実は、このワークは「スピリッチアカデミー」ではお伝えしていませんでした。
今回、初めてスピリッチ本を出版する機会をいただいたので、
読者のみなさんをはじめ、アカデミーの生徒さんたちにも喜んでもらえたらと思い、
ネオスピ的な「スピリッチ潜在意識の書き換えワーク」を
ここでご紹介することにしました。

「スピリッチ潜在意識の書き換えワーク」のやり方

＊用意するもの
紙、鉛筆やペン
できればピンク色のペンも用意したいですが、なければ普通のペンでＯＫです。

①潜在意識を書き出す

まず今あなたが、

「お金」や「お金持ち」と聞いてどんな反応をしたか、どんなふうに思っているのか、自分の心の奥を探って、それを全部書き出してみてください。

お金やお金持ち、お金を稼ぐ、一攫千金《いっかくせんきん》、大富豪などなど、「お金にまつわるいろいろな言葉」に対して、自分がどう感じるのか、どんなことでもいいので紙に書き出してみましょう！

書き出すというアウトプットをすることで、内側の潜在意識から外側の顕在意識に「出る」のです。

「今、潜在意識から外側に出た！」と感じてくださいね。

②潜在意識を消す

次に、出た言葉の中で「ネガティブなもの」を消します。

鉛筆だったら消しゴムで消してもいいですし、ペンだったら二重線でも修正液でも、ぐちゃぐちゃに塗りつぶしても、紙を破って捨てても、なんでもいいです。

ご自身が一番ピンとくるやり方で行いましょう。
新しい時代のネオスピでは、
こうあるべきという「べき思考」はいっさいありません。
あなたのピンとくる感覚が一番です。

③潜在意識を書き換える

そして、あなたがお金やお金持ちなどに対して、
潜在意識に入れたい新しいイメージの言葉を書いてください。

（紙を破いてしまったかたは新しい紙に）

ここで大切なのが「ポジティブな表現で書く」ということです。

潜在意識は、良い・悪いを判断することはなく、
しかも主語も認識せず、言葉がそのまま入っていきます。

そのため、

「借金をすべて返せる」→「余裕のあるお金が巡ってくる」

「お金の不安がなくなる」→「お金があって安心に包まれる」

というふうに、ポジティブな表現に変換して書いてください。

書き換える言葉は「ピンク色のペン」で書くのがお勧めです！

ピンクは開運する色といわれています。

また、愛や豊かさなどをイメージさせる色で、幸福を感じているときは、ピンク色を好むようになるそうです。

そんなピンク色が持つ波動パワーで、潜在意識に新たに刷り込んだことが叶いやすくなります。

ふだんから願いごとやお気に入りリストを書くときも、ピンク色のペンで書くことを私はお勧めしています。

④叶った感情を味わう

そして、その潜在意識に入れたスピリッチな世界が叶ったイメージをして、スピリッチな感情を味わいましょう。

感情を味わうことで、あなたの周波数がスピリッチな世界の周波数と合い、スピリッチの引き寄せが起こり始めます。

実は、潜在意識の書き換えには、感情を伴わせなくてもいいとも言われているのですが、せっかくならエネルギーを湧かしておきましょう！

これが、ネオスピ的な潜在意識の書き換え方法です！

⑤潜在意識に設定完了する

そして、最後は潜在意識を新しく書き換えたことを「設定完了」と唱えて終了です。

設定完了を意識することでエネルギーが強まります。

以上が、「スピリッチ潜在意識の書き換えワーク」になります。
潜在意識が根深く感じる場合は、
集中的に毎日ワークしたり、
定期的に繰り返したりしてみてくださいね。

✦シンプルな言葉で声に出すのも効果的！

この「潜在意識の書き換えワーク」だけでも、かなりの効果がありますが、
前述したように、人間には元に戻ろうとするホメオスタシス機能があるので、
ふだんの生活の中で「書き換え習慣」を実践することも
すごい効果があります！
お金に対するネガティブな思いが湧いたな〜と感じたら、
間髪入れずに、その瞬間に
書き換えたスピリッチな意識を思い出す、ということを
習慣化してほしいのです！
例えば、「実践者の声①」として紹介したNさんのエピソードの中に、

「お金の不安が湧きそうなときに、間髪入れずに〝お金あるよ!〟と言い続けた。
そうしたら自分でも本当にそう思うようになった」とありますよね。
これこそ、ネオスピってる行動ですね(笑)。
ぜひこれを、みなさんにも実践してみてほしいのです。
間髪入れずに、ポジティブな顕在意識で、
ネガティブな潜在意識をぶっ飛ばす感じです(笑)。
なので、ポジティブな意識を〝わかりやすい端的な言葉〟でつくってみてくださいね。

Nさんの場合は、「お金あるよ!」というシンプルな言葉を
実際に声に出して言っていたそうですが、
性格的な理由で、あるいは生活習慣などの影響によって
なかなか言えない場合もありますよね。
実際、声に出さなくても
はっきり意識すれば、潜在意識は書き換わりますので、
みなさんにお任せしますが、

声に出すほうが早く書き換わります！

このように、ワークや日頃の習慣によって、
潜在意識という、つかみどころのないものでも書き換わっていきます。
やり方を知っているか、知らないかだけで、
スピリッチ引き寄せ体質は簡単につくれるのです！
だから、簡単なことなんだという意識を、まずは刷り込んでくださいね♡

スピリッチ習慣

14

まとめ

お金に対する潜在意識をポジティブに書き換える！
ネガをポジに切り替える簡単な言葉をつくろう！

Spi Rich
15
スピリッチ習慣

宇宙の無限の豊かさを受け取る入り口をつくる

宇宙には無限の豊かさがあります。

これまで本書で何度もお伝えしましたが、「本当かな？」とまだ思っているかたも多いかもしれません（笑）。

少し科学的にお伝えしますね。

✦肉体や意識、出来事すべてが宇宙エネルギーで構成される

私がいう「宇宙」とは、
量子力学の世界で「ゼロポイントフィールド」といわれるエネルギー場のことです。
まだ仮説ではありますが、多くの量子力学者が、

ゼロポイントフィールドという概念を採用しています。
なぜなら、ゼロポイントフィールドというエネルギー場がないと、つじつまが合わないことや、説明のできないことが多いからなんです。
なので、証明はまだされていませんが、
現在、量子力学だけではなく、多くの場面で採用されている概念です。
もう少しわかりやすく説明すると、
ゼロポイントフィールドには、現在、過去、未来の計り知れない膨大なエネルギー量があるといわれます。
ゼロ＝なにもない、ポイント（＝点）、
つまりなにもないところに「すべてがある」という考え方です。
それは、私たちの感覚でいうところの「無限」に匹敵するものです。
宇宙は無限のエネルギーなのです。
そして、私たちの肉体や意識、そして出来事などのすべてが、
このゼロポイントフィールドから発せられる素粒子で構成されているといわれています。

「ゼロポイントフィールド＝宇宙」です。

「宇宙とつながっている」と私もよく口にしますが、この量子力学のゼロポイントフィールドの概念で考えると、納得できませんか？

✦宇宙はあなたに無限の豊かさを注いでくれる

誰もが無限の豊かさのエネルギーにつながることができます。

いえ、実はすでにつながっているのです。

宇宙の高次元の存在たちは、豊かさのエネルギーをあなたに無限に注ぎたいと思っているんです。

でもでも、宇宙には無限の豊かさがあるといっても、ここは地球。

だから、無限の豊かさが流れ込んでくるための「スピリッチの入り口」をつくったり、意識したりする必要があるのです。

すると、宇宙からのリッチエネルギーが流れてきやすくなります。

例えば、ちょっとパートで働いてみる、不用品をフリマアプリで売ってみる、ハンドメイド作品をネットのマーケットプレイスで販売してみる、スピリチュアルセッションをしてみる、副業してみる、起業してみる……
などなど、宇宙の豊かさが流れ込んでくる入り口、
つまり、地球のお金の入り口をつくりましょう。

もしかすると、あなたの中に「実はこんな仕事をやってみたかった」
「本当はあんなことやってみたい」という想いはありませんか？
宇宙は、あなたのハートに湧き上がるものを、サインとして送ってきています。
それは、宇宙があなたにリッチエネルギーを流し込んであげるための
お金の入り口かもしれません。
私自身も、突然「アカシックリーダーになりたい！」という
想いが湧き上がってきました。
結果、それが最初のお金の入り口になって、
その後、どんどん大きな豊かさが流れ込んできました。
まさに宇宙からのサインを受け取って、
それが豊かさのエネルギーが流れ込む入り口だったのだと実感しています。

お金を稼ぐことは、すべてが愛の循環！

お金の入り口をつくるとは、つまり、自分でお金を稼ぐことにつながります。

「お金を稼ぐ」という言葉を聞いて、どう感じますか？

前項でもお伝えしましたが、

稼ぐということに対して、

ネガティブな思い込みを持っているかたもいるかもしれません。

「スピリッチアカデミー」の講座でもお伝えしていることですが、

お金を稼ぐこと＝ビジネスは、

お客様にものやサービスなどの体験や、知識を届けることですよね？

どんな仕事やお店やビジネスでも、基本的には

「コレってすごくいいよ！」というものを提供していると思うんです。

それらは基本的に「愛」じゃないでしょうか？

なかには、ズルをしたり、詐欺をしたりとかもあるかもしれませんが、

基本的には「ビジネスはすべてが愛から」だと思うのです。

そして、買う側に立った場合も、欲しいものが手に入った喜びで「提供してくれてありがとう！」という感謝の「愛」が生まれるでしょう。

その愛の対価として、「お客様からの愛＝お金」を受け取るのです。

そう考えると、ビジネスって、ものすごい「愛の循環」だと思いませんか？

こんなふうに、お金を稼ぐということに対して意識のチェンジをしていってほしいのです。

もし今、あなたのハートに湧き上がるなにかがあったり、思い出したりしたのであれば、愛の循環である「ビジネス」という手法で、

宇宙の無限の豊かさのエネルギーが流れ込んでくる
お金の入り口をつくってみてください。

ところで、この本を読んでくださっているかたの中には、
自分のビジネスとして起業をされているかたも
少なくないかもしれません。
でも、クライアントさんからお金をいただくことへのブロックがあって、
ご自身のコンテンツや商品、サービスの金額を上げられない、
というかたはいませんか？
スピリッチ習慣⑩でもお伝えしましたが、
お金には、それ自体にエネルギーがあります。
金額を安く設定するということは、
お客様に受け取っていただけるエネルギーの量も少なくなるということです。
エネルギー的に言うなら、提供する金額が安いというのは、
「無慈悲なこと」にもなるんです。

私はいつも、「スピリッチアカデミー」の生徒さんたちにもお伝えするのですが、
金額を決めるときは、

「お客様に受け取ってもらいたいエネルギー量だと思って金額を設定してください」とお伝えしています。

「自分がいただけるお金」というふうに考えるのではなく、お相手に届くエネルギー量だと思って金額を考えてみてください。

その視点で見れば、ご自身のコンテンツや商品、サービスの金額への意識、そしてビジネスに取り組む姿勢までが変わりませんか?

これが、新時代のネオスピ的な宇宙意識の考え方です。

気負わなくていい、恐れなくていい

また、セッションやカウンセリングなどを提供されているかたの場合、
ご自分に自信がなくて、「お客様にちゃんとセッションできているかな?
ちゃんとカウンセリングできているかな?」と心配になることもありますよね。
もちろん、セッションやカウンセリング技術の学びはしっかり行うとして、

このような不安は、次のように考えてほしいんです。
〝全部、宇宙の流れの中〟。
あなたがセッションを募集したから、お客様が受けに来たように見えて、実は全部、宇宙の流れでものごとが動いています。
宇宙の流れの中で、そのお客様にはあなたのセッションが必要だったから、その現象が起きているのです。
なので、まったく気負うことなく、
あなたらしくセッションすればいいのです。
まだまだ自分は能力不足だなと感じていても、
きっと、そのお客様にとって、
今のあなたのレベル（こんな言い方してごめんなさい）のセッション、
そして、あなたという存在が必要だから、
宇宙の流れの中でそのお客様は、あなたのセッションを選んで受けに来てくださっているのです。
そう思うと、安心しますよね。自分のことを少し信じられますよね。

その安心エネルギーが、宇宙とつながり、
あなた本来の最高のパワーを引き出していきます。
もし、お客様が満足できずに帰ったとしても、
それは例えば、「もう誰かのセッションなんか受けない！
自分のことは自分で決める！」などと、
そのお客様が、ご自身を生きる決意をするためだったのかもしれません。
そのくらい、起こりうることすべてを信頼してください。
この信頼エネルギーも、宇宙とのつながりを強くし、
あなたの本質からの最強パワーをさらに引き出していきます。

宇宙の高次元の存在たちは、無限の豊かさであるスピリッチエネルギーを
あなたに送りたくて、うずうずしています。
でも、高次元の存在たちには
〝あなたの自由意思を尊重する〟というルールがあるので、
「あなたが意図をしないと」動けないのです。

湧き上がることをやってみるということは、
「豊かになりたい！　スピリッチな世界がいい」というあなたの意図ですよね。
そうすると、高次元の存在たちも喜び、勇んで動いてくれるのです。
そのときにお金の入り口があると、そこに豊かさというお金を流し込んでくれます。

豊かさの入り口はどこにでもある！

さて、ここまでずっと「自分で稼ぐ」ことを前提とした「お金の入り口」のお話をしてきました。

でも、無限の豊かさは自分で稼ぐことだけではありません。

- ご主人の収入が上がる
- 思いがけなく臨時収入が入る
- プレゼントをよくもらう
- 思いがけずにいろいろなサービスを受ける
- 生活を守ってくれる人が現れる

などなど、無限の豊かさのエネルギーは、いろいろな形で流れ込んできます。

「豊かさの入り口はどこにでもある」と思ってください。

お金に対するネガティブなブロックが潜在意識にない状態であれば、豊かさの入り口はどこにでも出現するのです！

もしかしたら、あなたが気づいていないだけで、豊かさのスピリッチエネルギーがすでに流れてきていませんか？

「これってそうかも！」と思い当たることを、すべてそうととらえて、「ありがたいな」と感謝する習慣をつけることで流れ込む豊かさが増していきます。

きっと全方位からスピリッチエネルギーが流れ込んでくることでしょう♡

スピリッチ習慣
15
まとめ

心に湧き上がってくる想いがお金の入り口に！

感謝することでもお金の入り口が出現する！

Spi Rich
16
スピリッチ
習慣

全部、ぜ〜んぶ宇宙の流れの中！

いよいよ最後のテーマです。ここまで、お金やお金持ちについて、そしてスピリッチエネルギーについて、たくさんのことをお伝えしてきました。

そもそもの話に戻りますが、「スピリッチな人」ってどんな人だと思いますか？

お金をたくさん稼ぐ人、お金をたくさん持っている人、ビルや土地などの資産をたくさん持っている人……などなど、まさにリッチですよね。

真にスピリッチな人は、宇宙を信頼してお金を使える人

でも、私が考えるネオスピ的なスピリッチは、

「お金を使える人」です。

「お金は使わないと意味がない。使わなければ紙切れと一緒」などと、よく言われますし、たしかにそうだとは思うのですが、
ここで伝えたいのは、そういう意味ではないんです。

お金を使える人は、〝お金はまた巡ってくる〟と確信しています。

お金は使っても巡ってくるし、使えば使うほど巡りが大きくなる。

自分はお金の循環の中にいると信じている人のことを「真のスピリッチな人」だと私は思うのです。

例えば、お金を使わずに貯め続けて資産を多く持っていることが喜びだったり、安心したりということはあると思います。

でも、それが「お金がないと不安だから……」という
ネガティブな潜在意識からの行動だと、それって真のスピリッチでしょうか？

私たちは、みんな一人ひとりが無限の豊かさである宇宙とつながり合っていて、エネルギーは循環し、調和の世界を生んでいます。

お金の循環の中にいるということは、

宇宙の無限の豊かさの循環の中にいるのと同じことなのです。
自分で稼ぐだけの豊かさであれば、
自分で稼いでいるエネルギーの循環の中にしかいません。
お金を貯めることや、所有している資産といった豊かさは
「自分」というエネルギーの循環の中ですよね？
それでもいいのですが、
自分のエネルギーだけだと循環の輪が小さいと思いませんか？
お金を使える人というのは、宇宙の豊かさの循環の輪の中に生きています。
そして宇宙は無限ですから、使うというエネルギーを働かせている人は、
それをすればするほど、循環の輪が大きくなって巡ってくるのです。
お金を使うことって、自分のためでも人のためでも、
純粋に、周りの人に豊かさのエネルギーを巡らせることですよね？
ものすごく徳を積む行為だと思いませんか？
まさに「愛」です！
前項では、お金を稼ぐことも愛だとお伝えしましたが、

お金を稼ぐのも愛！　お金を使うのも愛！
お金の循環は愛の循環なのです♡

起こる出来事に損得はなく、宇宙全体の調和だけがある

その昔、私が悟り（？）を開いたお話をしますね。
私は、あるロックバンドのデビュー前のカセットテープを持っていました。
今では多分知らない人はいない国民的なロックバンドです。
私は以前、そのバンドのデビュー前のライブを見たことがありました。
とてもいいステージだったので、そのバンドのカセットテープを買いました。
月日は流れ、あるときに断捨離をしていたら、
もう忘れかけていた、そのカセットテープが出てきたんです。
国民的人気のロックバンドのデビュー前のカセットテープ！
検索してみると「名作のカセットテープ」として超レアものでした。
しかし私はそのとき、それほどまでのファンではなかったので（ごめんなさい！）、
これは貴重だから欲しいかたにお譲りしよう（売ってしまおう）と思いました。

フリマサイトなどは、やり方がよくわからなかったので、
元彼にお願いしようと思ったのですが、ふと「自分でやりたい！」と思って、
その勢いのままメルカリに「3万円」で出品しました。
すると、なんと〝秒〟で売れたんです！
「やった〜！」と思った数日後、友達にその話をしました。
すると、その友達から、「え〜〜っ！　同じくらい有名なバンドのデビュー前の
カセットテープが40万円で売っているのを見たよ」と言われたんです。
ガーンとショックを受けた後は、「もったいないことをした！」の後悔の嵐でした。
「もう〜、もったいない！　美湖ったらバカなんじゃないの？
彼にお願いすればよかったのに。なにも調べないで売っちゃって。
もう自分が信じられない。もったいない‼」って、後悔しまくり（笑）。
でも、あのとき、「ふと」の直感に従った自分の行動には、
きっとなにかの意味があるのかもと感じて、
とにかく、湧いてくる感情をそのまま味わっていました。
そして、湧き上がる気持ちを感じて2時間くらいたったとき、

突然、「宇宙の調和」「宇宙の循環」という感覚が心に入ってきたのです。

私たちは常に過不足なく満たされている

「私は宇宙の調和の中にいて、循環している――」

もし今、あのカセットテープが3万円でも、100万円でも、

今この瞬間に、過不足はない。

今この瞬間は、100万円があっても、なくても変わらない。

今この瞬間は、満たされている。

宇宙の循環の中で、お金は必要なときに、必要なだけ巡ってくるんだ――。

3万円で買ったかたは、もしかしたら今すごくお金に困っていて、

それを転売し、必要なお金を得ることができたかもしれない。

もしかして、なにか落ち込むことがあったのに、

この超レアなカセットテープを安価に買えたことで喜んで、

波動が上がっているかもしれない。

私たちはみんなつながっていて、宇宙の循環の中にいる。

そして、宇宙全体で調和の世界をみんなでつくっている。
だからきっと、私が3万円で出品して、お相手が3万円で買う必要が、この宇宙全体の調和のために必要だったんだろうな。
だから、きっと私にお金が必要なときには、
宇宙全体の調和の循環の中で、必ず私の元に巡ってくるから大丈夫なんだ！

こうした考えというか、確信が私の心の中に一気に入ってきて、
まさに「悟った」という感覚でした。
私にとっては、
3万円であろうと100万円であろうと、たとえ0円でも、
「今この瞬間には」不足はない。
例えば、なにか欲しいものがあったとしても、借金をしていたとしても、
たいていの場合、「今この瞬間」は息を吸って、息を吐いて、生きていますよね？
ということは、今この瞬間にお金は必要ない。
そして、本当に必要なときには必ずお金は巡ってくる——。

宇宙の調和の中でお金を循環させる意味とは？

それ以来、「全部、宇宙の流れの中！」が私のど真ん中に入ってきて、損得でものごとを考えなくなりました。

なにか失敗するような買い物をしても、

「宇宙の調和の中で、きっと私が買う必要があったんだなぁ」って（笑）。

けっこう高額なお支払いになっても、

「宇宙の調和の中で、美湖がお金を循環させる意味があるんだろうなぁ。だから美湖にもまた巡ってくるから大丈夫！」と、

どんな出来事も「オールＯＫ！」に思えるようになったのです。

この悟りともいえる気づきは、

１００万円どころか、お金には代えがたい学びとなりました。

去年、取引先のミスで、

一度振り込まれた売上金を返金しなければいけない事態が起こりました。

かなりの高額だったのですが、非常に恐縮するお相手に、
「全然！　オールＯＫです！」と即、お返事しました。
そのとき、「返金するなんて残念」という感情にすらならず、
宇宙の流れを全信頼できている自分を誇らしく思えて、
私にとってはうれしい出来事と感じたほどでした。
真のスピリッチとは、宇宙の流れを全信頼している人です。
それはつまり、自分の世界への信頼、自分自身への信頼ともいえます。
「全部、宇宙の流れの中」という悟りを開いてからは、
お金のことだけでなく、「起こることは全部オールＯＫ！」という
「絶対大丈夫マインド」が身につきました。

人生に対する不安と恐怖が消えていく

私はうつ病だったため、すごく心配性なところがあったのですが、
１８０度変わってしまって、人生に対する不安や恐怖がなくなりました。
生きるのがとても楽になったのです。

誰かに対して、憤りを感じるようなことが起きても、
「これもきっと宇宙の流れの中で意味があるんだろうなぁ」と
心底、感じるので、怒りもほとんど湧きません。

失敗もありますし、どちらかといえば、
私は「やらかしてしまう」ことがめちゃくちゃ多いポンコツです（笑）。
もちろん、落ち込むようなことも起こります。
大きく傷ついたことは最近もありました。
でも、それらも「全部、宇宙の流れの中」という確信があるので、
自分を責めることはありません。
復活するのも早いですよ（笑）。
そして、なぜかその後、「あぁ、このために起きたことだったんだな〜」と、
わかるような流れや気づきが、たいてい起こります。
でも、そんな気づきが起きなくても、オールＯＫ！と思っています。

例えば、うちの中２くんを本来なら叱るべき出来事があったとしても、

「宇宙の流れの中で必要なこと」としてとらえているので、
教育上、叱るということはあっても、中2くんを責める気持ちは湧きません。
よく、「なんで、そんなことしたの⁉」と、
子どもとか旦那さんに言いがちじゃないですか？（笑）
でも、「なんでって、宇宙の流れの中だから」。
それなのに相手を責めるのは、無意味だなって思ってしまいます。
「なんで、そんなことしたの⁉」という憤りの気持ちではなく、
「こうならないための問題解決はどうしたらいいかな？」と
一緒に考えるような気持ちになります。
伝え方が自然と優しくなるんです（笑）。
そうなると、子どもや家族も受け止め方が変わりますよね。
「だって！」という反発心が湧きませんから（笑）。
常に心地よく温かい空気の家族になることは間違いありません。
そして、そのエネルギーのおかげで、
自然と家族にも良い引き寄せが起こります。

✦大きなトラブルが起こっても絶対大丈夫！

トラブルは誰にでも起こります。この地球はそういうものです。
でも、「いろいろあったけど、やっぱり大丈夫だった」という感じで、
「なんだかんだで大丈夫」な世界になります。
これは家族や友人だけでなく、仕事場でも同じです。
スタッフがミスや失敗をしても、全部、宇宙の流れの中だと思うのです。
私の2冊目の書籍『「オールOK」で絶対うまくいく！』の出版記念イベントで、
45分間、イベントが中断するという大トラブルが起こりました。
でも、すべてのお客様が温かく待っていてくださり、
逆に感動的なイベントになったんです。
イベント終了後、取り仕切っていた運営会社の社長さんが謝罪に来られました。
私は「全部、宇宙の流れの中だし、
『「オールOK」で絶対うまくいく！』という本のメッセージが体現できたから、
逆に完璧な流れで最高のイベントになりました！

それよりも、一番おつらかったのは社長さんですよね？

そんな中、すばらしい仕切りをしてくださり、ありがとうございます！」と笑顔で伝えたんです。

だって、それが私の心からの気持ちだったから。

涙を流して、この一件に感動してくださった社長さんは、それ以来、自分が社員に対してどんな態度だったかを、自問自答するようになったそうです。

そして、社長さん自ら変わっていったことで、会社のムードは激変したとか。

その後、なんと会社の売上が2・5倍にもなったそうです！

先日、その社長さんに久しぶりにお話をうかがうと、
会社がホールディングス体制になり、
年商1000億円を目指す企業へと変化しつつあるそうです。

社長さんいわく、

「経営はただのお金儲けではなく、みんなが幸せになるための仕組みづくりや、社会の課題解決に、より向き合うための資金づくりだと考えています。

スタッフも倍に増えて、元々のメンバーの意識も変わり、

大きな動きにワクワクしております」とのこと。
そんなお話をうかがうと、あのときの大トラブルは、
やっぱり本当に全部、宇宙の流れの中だったのだと確信します。

「オールOKマインド」で全方位引き寄せ体質になろう

この宇宙の流れを全信頼する「オールOKマインド」のおかげで、
スピリッチな豊かさだけではなく、私は全方位引き寄せ体質になりました。
全方位引き寄せでは、自分だけではなく、
あなたの周りも全方位から豊かでスピリッチな世界になるのです！
オールOKとは〝楽観的〟とも言い換えることができます。

さて、楽観的がいいということは、ネオスピ的な話だけではなくて
科学的にも証明されているようです。
カレン・フロスト・バンカーズという金融会社が
およそ2000人のアメリカ人を対象に、

楽観性と経済的豊かさの関係について調査したそうです。
それによると、楽観的な人は悲観的な人よりも
経済的豊かさが7倍も高かったというデータが出たとか！
7倍ですって！

宇宙の流れを信頼していくこと自体が、楽観的につながっていきます。

とはいえ、これまでの自分を変えて、
急に「楽観的になれ！」なんて言われても難しいですよね。
つい悲観的になってしまうというかたも、決して焦らなくて大丈夫です。
今まで悲観的だったこと自体が、宇宙の流れの中だったと思ってください。
それが、あなたが今すぐできる「オールOKマインド」。
今この瞬間からスピリッチを引き寄せます。

この本の「はじめに」でも書いたように、私はずっと実家暮らしだったので、
家賃を払ったことが一度もありませんでした。
そんな私が、今では家賃の高さが都内有数といわれる

一等地のタワマンの家賃を払えるスピリッチになりました。
もちろん、引っ越すときはドキドキでしたよ（笑）。
「でも、審査に通ったということが宇宙の流れ。きっと払い続けられる。もしダメだったら引っ越せばいいんだし！」と、
宇宙を全信頼して楽観的に考えました。
それからもう2年たちますが、無理なく暮らせていますし、
かかってくるお金がどんどん大きくなっていっても、
そのぶん、ちゃんとお金は巡ってきています。
そしてうれしいのが、家族も喜んでくれていることです。
最初は、長年暮らしていた実家を離れるのを嫌がっていた高齢の父が、
「本当にいいマンションに引っ越せた」と、
以前よりも元気に活動的になりました。
今この原稿を書いていても、うれしくて涙が出てきます。
これまで支えてくれた両親に恩返しが少しでもできて、私は本当に幸せです。

なにが起きても、私たちは完璧な宇宙の中にいる！

「オールOKと言うけれど、もし悪いことが起こったらどうするの？」

と思うかもしれません。

でも、心配しなくて大丈夫です！

新時代のネオスピには、なにか起こっても、その起こった世界の中に、〝大丈夫な安心の世界がある〟のです。

何度も言いますが、私たちは〝完璧に調和の取れた宇宙の流れの中〟にいます。

たとえ一時的に、なにか損失があったとしても、
たとえネガティブに見える出来事が起こったとしても、
それはすでに、必ずいい方向に向かっているのです。

でも！　一方で、宇宙側からすれば、

「すべての出来事は、まったく意味を持たずに起こっている」

ともいわれているんです。

え？　ちょっと肩透かしですか？（笑）

つまり、宇宙が意図して「この人には幸運を与えよう」とか、「この人にはちょっとお灸《きゅう》を据えよう」などということは、いっさいないということなんです。

起こることには、良いも悪いもありません。

そこに意味づけするのは、私たち人間なんです。

だから、その出来事を自分がどうとらえるかで未来が決まるということです！

だからこそ、あなたになにが起きても、宇宙の流れの中ととらえて、慌てず、焦らず、悲観せず、安心してから対応していってほしいのです。

宇宙を信頼して、そうやって楽観的になっていくことで、
あなたが発するエネルギーが変わり、
そのエネルギーで引き寄せる現実が変わります。

✦あなたはもうスピリッチエネルギーに伝染している

そして、ここまで読んでくださったあなたは、
もうかなりスピリッチエネルギーに伝染しているはずなので（笑）
〝宇宙の流れを全信頼する〟という真にスピリッチ体質の人に、
今すぐにでもなれます！

あなたが、決めればそうなります！
あなたの意図、選択、パワーはそれほどすごいものだからです。
でもでも、今の時点ではまだ、なりきれてないかも……というかたは、
本書でお伝えしたことを第1章から実践していってください。
もうだまされたと思って！
最初のスピリッチ習慣①「ありがとうを一日10回言う」から

実践してみてください。

この本で紹介した1つひとつが、まるで息をするように習慣になれば、必ず、あなたは〝真のスピリッチ体質〟になって、24時間、全方位引き寄せ体質になっていきます！

そしてそれは、あなただけではなく、あなたの周りもスピリッチになっていき、その輪がどんどん伝染していくという、そんな豊かな世界につながっていきます。

〝秒で〟やってみてください（笑）。

あなたなら、きっと絶対大丈夫！

スピリッチ習慣
16
まとめ

宇宙を100％信頼して、お金を使おう！

「オールOKマインド」で、後はあなたが決めるだけ！

おわりに～あなたがスピリッチになるのは、もはや義務♡

最後まで読んでくださり、
本当に本当に本当に、ありがとうございました。
どうですか？
あなたのハートに、「スピリッチになれるかも！」というワクワクした思いが
湧き上がってきたでしょうか？

私たちは生まれる前に、
この地球で体験することやテーマを自分で決めてきている、
といわれています。
地球には、時間があり、空間があり、
さまざまなものや、味や、体験や、そして一人ひとりに湧き上がる感情も、

本当に豊かでいろどりのある惑星です。

私たちは、この豊かな地球でさまざまな体験をして、感じ、味わうことが、この地球に生まれてきた1つの大きな目的です。

地球に生まれた全員、一人ひとりに、豊かになる使命と権利があります。

いいえ！

この本を手に取ってくださったあなたがスピリッチになることは、もはや権利なんかじゃない、「義務」だと思うのです。

なぜなら、「スピリッチになりたい」とあなたが思っているということは、宇宙の流れの中で、宇宙全体にとって、「あなたがスピリッチになる」ことが必要だからです！

「宇宙全体のため」ということは、あなたがスピリッチになることを宇宙は全力で応援するということです。


「けれど、今はネガティブな状況だから不安でいっぱい……」と、とても苦しい中で、この本を読んでくださっているかたもいるかもしれません。
でもでも、私も息子を抱えての「離婚」という、
とても先行きが不安な現実があったからこそ、
「本気で豊かになろう！」って思えたんです。
今思えば、それがなければ、決してここまでこられなかったはず。
離婚は間違いなく、私にとってのスピリッチのきっかけです。

だからあなたも、
今、苦しい状況だとしても、
今、望まない現実が起きていたとしても、
それはきっと、あなたがスピリッチになる「きっかけ」なんです！
だって、この地球で起こることは、
すべてぜ～～んぶ、宇宙の流れの中だから！
だから心の奥から安心して、
この本に書かれている「スピリッチ習慣」を実践してみてくださいね。

次のスピリッチは、あなたの番です！

P.S.
最後の最後まで読んでくださったかたへ
「スピリッチの祈り」を送ります。
美湖のネオスピ公式LINE（@neospi）に
「スピリッチの祈りを受け取る」とひと言、LINEしてくださいね。
美湖から愛と豊かさの祈りを贈ります♡

2023年12月

美湖

美湖（みこ）

スピチューバー、アカシックリーダー、ネオスピコミュニティ主宰、スピリッチアカデミー主宰、瞑想アーティスト、シンガーソングライター。約800名のアカシックリーダーを養成し、お金や豊かさを引き寄せる「スピリッチ習慣」を教えるアカデミーには世界各地から受講者が集まる。2019年にYouTubeデビューし、宇宙意識でありのままを伝える動画が大人気になりチャンネル登録者数は計10万人以上に。離婚後も同居して子育てしながら支え合う「同居離婚」を選択し、純度高く生きる姿が共感を呼ぶ。宇宙時代の新しいスピリチュアル「ネオスピ」の先駆者としてムーブメントを拡大中。著書に『ネオスピ!!!』『「オールOK」で絶対うまくいく!』（いずれもKADOKAWA）がある。

YouTube　【美湖】ネオスピチャンネル スピチューバー
X　@mikonikoeco
Instagram　@mikonikoeco
ブログ　https://ameblo.jp/mikonikoeco/

24時間《じかん》お金《かね》引《ひ》き寄《よ》せ体質《たいしつ》になる！
スピリッチ習慣《しゅうかん》

2023年12月７日　初版発行
2024年１月15日　再版発行

著者／美湖《みこ》

発行者／山下直久

発行／株式会社KADOKAWA
〒102-8177　東京都千代田区富士見2-13-3
電話　0570-002-301（ナビダイヤル）

印刷所／大日本印刷株式会社
製本所／大日本印刷株式会社

●お問い合わせ
https://www.kadokawa.co.jp/（「お問い合わせ」へお進みください）
※内容によっては、お答えできない場合があります。
※サポートは日本国内のみとさせていただきます。
※Japanese text only
定価はカバーに表示してあります。

ISBN 978-4-04-606579-7　C0095